OHSAMA BUNKO

「一見、いい人」が一番こわい！

下園壮太

三笠書房

はじめに

◎こんな人、周りにいませんか？

あなたが日々、接する人のなかに「魅力があって刺激的な人なんだけれど、会った後になぜか気持ちがざわざわする人」や「いい人なのに、どこか息苦しさを感じる人」「会っているときは楽しいけれど、その後なぜかぐったり疲れてしまう人」はいませんか？

いつもハイテンションで、明るい性格の人気者。なのに、ときどきイラッとくる後輩……。

「なんでも話してね！」と言われ、ついあれこれ打ち明けてしまったけれど、周囲に言いふらされないか心配になる聞き上手の先輩……。

「任せるから！　頼りにしているよ！」と部下を信頼している雰囲気を出すのに、

なんらかの不都合が表面化すると「いや〜、君が責任を持ってやるって言ったから」とやんわり責任を押しつけてくる上司……。

会社ではとても人当たりがいいのに、毎晩のように愚痴《ぐち》メールをしてくる同僚……などなど。

◎明らかな「悪いポイント」が見えにくいから厄介

このような「一見、いい人」が厄介なのは、その困った行為に、多くの場合**「悪意」がないこと**。自分の態度で他人が傷ついていることにさえ、まったく気がついていないこともあります。

また、文字どおり表面的には「一見、いい人」なので「ここが嫌！」「こういうところが困る」という、明らかな〝悪いポイント〟が見えにくく、具体的に指摘がしにくいというのも特徴の一つです。

ですから、こちらが意を決して苦情を訴えたとしても、言われた本人はピンとこない。また、周囲の人に「この人、困る」と相談しようとしても、「え？　どこが？　いい人じゃない」と返されてしまい、**あなたが覚えている違和感を理解してもらいにくい。**

もしかしたら周囲にも、同じような思いを抱えている人もいるかもしれませんが、「一見、いい人」に対しての違和感を発信できる人は少なく、共感してくれる仲間を見つけにくいのです。

「一見、いい人」は人当たりもいいので、周囲からの評判がよかったり、責任あるポストに就いていたりすることも往々にしてあります。大多数が「いい人」だと思っている人には不満も言い出しにくく、抗議をするあなたの立場が悪くなってしまうリスクだってあります。

「嫌だとは思っている。でも、いい人だし……」というような葛藤《かっとう》があると、あなたの気持ちはくすぶりつづけます。

次第にあなたは、**「こんなにいい人を疎《うと》ましく感じる自分が間違っているのかも」**と思いはじめ、嫌だと感じている気持ちにフタをするように。すると、エネルギーをどんどん失っていく「消耗疲れ」が起こります。

◎気持ちを認めれば、ラクになる！

私は、陸上自衛隊初の心理幹部として、二〇年にわたり、多くの衛生隊員（医師、看護師、救急救命士など）の指導やレンジャー隊員たちのコーチングを行なってきました。二〇一五年に自衛隊を定年退官してからは、メンタルレスキュー協会のシニアインストラクターとして、災害や事故などの惨事後の対処や自殺後に残された人々のケアなど、これまでに現場で培《つちか》ってきた感情ケアのノウハウを広める活動をしています。

また、カウンセラーとしても、さまざまな職種や年代のクライアントのカウンセリングを継続的に行なっています。

クライアントには、心身のエネルギーが低下し「なにもやりたくない」という人や、「疲れているのに眠れない」「自分を責めつづけてしまう」といった、うつ症状に悩んでいる方がたくさんいらっしゃいます。

そのなかには、職場などで周囲からもわかるようなパワハラを受けて、うつになってしまった方もいますが、本書でお話しするような「一見、いい人」に接する疲れによって、じわじわとエネルギーを奪われ、**それでも「がんばろう」「立て直そう」「気にしないようにしよう」と戦いつづけた結果、エネルギーが底をついてしまった**、という人も実は多いのです。

そんな方々に共通するのは、「誰とでもうまくやっていかなければならない」「こんなことで愚痴を吐いてはいけない」と自らを律する「がんばり屋」であること。そして、怒りや不安といったネガティブな感情の自認を、ついおろそかにしてしまうことです。

私は、そういった心のクセを、さまざまなやり方で手放すお手伝いをしているのです。

無理なく実践できる対処法を

メンタルトレーニングは、さまざまな書籍で実践法が紹介されています。ですが、ほとんどが外国からの輸入ものです。

日本人と外国の方ではメンタルのベースが異なるため、我慢強く、不安を感じやすい日本人に応じたやり方を行なう必要があります。私は、自衛隊や一般の方々を対象にいろいろな角度から働きかけてきた結果、「これは役立つ」と思うものだけをお伝えすることにしています。

世のなかには、情報があふれています。

心を整えたいと思ったとき、「こんなふうになりたい」という目標や「そのためには、こうすればいい」という方法論の情報を、あなたはSNSなどでたくさん見つけることができるでしょう。

ただ、実際にやってみても、なかなかうまくいかない。

たとえば、イライラしないためには「相手の目線に立ってみる」「相手にだって言い分がある」と考えてみることが大切、というところまではわかります。でも、イライラして自分が疲れているときに、どうやったら相手目線になって考えるクセをつけることができるか。これがわからなければ、意味がありません。

私は、メンタルトレーニングのプロとして、無理なく練習できる方法を作り出したいと、常に考えています。

危険なあの人から〝逃げ遅れ〟ないために

さて、あなたは「あの人はいい人なのに、なんで一緒にいるとこんなに疲れてしまうんだろう」と気になっているはずです。

理由は明白。ひと言で言うと**「逃げ遅れ」**。

「明らかに迷惑な人」に比べて、「一見、いい人」からは逃げ遅れてしまう可能性が高く、状態が深刻になりやすいのです。

私は、**人間にとって一番怖いのは人間だ**、と思っています。

なぜなら、物にあふれ、便利な文明社会に生きている私たちですが、その本質は太古の昔の原始人のままだから。

生き残りをかけて食料を奪い合い、群れのなかで自分の優位性を主張し合うという本能が、人の心には今も色濃く残っています。

ですから、危険な人からはできるだけ離れていたいし、離れていないと安心できません。

しかし、現代では、「人と人は仲よく穏やかに付き合うべき」という理想ばかりが強調され、人の本音は「隠すべき、我慢すべきもの」とされています。

このような理想が念頭にあるので、相手が「一見、いい人」であると、その表面的な情報を簡単に信じてしまいます。

すると、相手に隠されている「あなたを苦しめている部分」を見逃し、相手を嫌う自分の考えのほうを矯正しようとしてしまうのです。

◎「人」に対する期待値を下げてみる

では「一見、いい人」と、どのように接すればいいのでしょうか。

あなた自身が人付き合いでじわじわとダメージを受けているのであれば、今、最優先すべきは、**自分の「苦しい感情」を認めること**です。

疲れてしまっている自分の状態に応じて、無理のない方法で自身の気持ちに触れたり、出来事のとらえ方を変えたりすることで、苦しさの度合いは次第に弱まっていきます。

そのうえで、**「人」全般に対する期待値を少し下げてみましょう。**

人はそれぞれ、その人なりの「生き方」を、一生かけて作りあげています。その「生き方」の形は決して完璧なものではなく、誰もがでこぼこしていて不完全な部分を持っている、という目で他人を見られるようになると、自分にも他人にも優しくなることができます。


本書では、「感情」「エネルギー」「不安」「疲労」など、私たちの悩みと密接に関わるキーワードを手がかりに、「気持ちのメカニズム」を説明します。

このメカニズムを知ることは、「一見、いい人」に対する悩みを軽くするだけでなく、自分の日常的な心のケア、体のケア、ストレスへの向き合い方など、さまざまなことに応用が可能です。

ぜひ繰り返し読んで、実際にそのやり方を使い、磨きをかけていってください。

◎本書の使い方

第1章では、あなたが「一見、いい人」にどうやってエネルギーを奪われているのかをわかりやすく説明します。

近年、罪悪感や他者への共感力が欠落した「サイコパス」が話題になっていますが、**「一見、いい人」は、実はサイコパスよりも手強い相手。**

他の人からエネルギーを奪っている事実が目に見えやすいサイコパスの人よりも対処するのが遅れ、逃げ損ねてしまいがちになるので、低温やけどのようにそのダメージは深く、回復も長引きます。

この章を読むと「あの人の前でイライラしたり不安になったりするのは、当たり前だったんだ」と理解できるでしょう。

第2章では、そもそも私たち人間にとって、なにが苦しみを深める要因となるのかを振り返り、自分の「感情」を見つめていきます。

さらに第3章では、「消耗」「警戒」「自己嫌悪」といった三つの「苦しみ疲れスイッチ」について解説しながら、あなたの苦しみの本当の姿に向き合っていきます。

第4章では、いよいよ「一見、いい人」のパターン別・処方箋へ。

彼らとうまく距離を保つためには、どうすればいいのでしょうか？

また、距離を保つくらいでは太刀打ちできない場合、どうやって彼らから逃げればいいのでしょうか？

「一見、いい人」を黙らせる殺し文句とは？

このような具体的な対処法についても、私が日常的にカウンセリングの現場で行なっているものと同じやり方で提案します。

第5章では、「一見、いい人」でむやみに疲れないようにするための、日常的な「自分のケア」について。

ぜひ、今日からすぐに実践してほしい心身の整え方をお伝えします。

「一見、いい人」にずっと悩まされてきたあなたは、**これまで、いかに彼らから無意識のコントロールを受けていたか、あらためて本書で知ることになります。**

そして、あなたは決して無力ではなく、できる手立てがたくさんあることも発見できるはずです。

本書によって、あなたが「消耗疲れ」の場から降り、これまでよりものびのびと心地よい日々を送ることができますように。

では、お話を始めましょう。

下園壮太

目次

第1章 あなたのエネルギーを奪う「一見、いい人」

第2章
そのざわざわ感は、感情の「悲鳴」です

第3章
疲れるのは、「三つの苦しみ」がループするから

第4章

「一見、いい人」から身を守れ！パターン別12の処方箋

第5章

「一見、いい人」に振り回されないための五つのワーク

本文DTP／株式会社Sun Fuerza
編集協力／柳本　操

第1章

あなたのエネルギーを奪う「一見、いい人」

「一見、いい人」は、なにを奪うのか

第1章のタイトルをご覧になっても、「エネルギー」の意味するところがよくわからない、と思われる方も多いはずです。

本書を手に取ったあなたは、「一見、いい人」と接することで、イライラしたり、ざわざわしたり、くたびれてしまうことに苦しさを感じていることでしょう。

実はその感覚は、無視してはいけない、とても大切な気づきです。

なぜなら、その感覚は「あなたが今、エネルギーを消耗している」という事実を全力で伝えてくれているから。

なぜ、あなたが「一見、いい人」に疲れてしまうのかをお話しする前に、ぜひ理解してほしいことがあります。

それは、あなたのエネルギーレベルについてです。

エネルギーは、あなたという車を動かすガソリンのようなもの。食べたり眠ったり動いたり、考えたり対話したり、すべての生命活動に関わるものなのに、私たちはあまりエネルギーについて自覚できていません。

エネルギーとは**「私たちが生き抜くために必要とする力」**と言い換えることもできます。朝起きてから夜眠るまでの活動の原動力となるのはもちろん、物事を選択したり判断したり、モチベーションを高めるためにも不可欠です。

特に、ストレスフルで複雑な人間関係のなかで日々生きている私たちにとっては、「人間関係のトラブルに対処し、切り抜ける力」「苦しい出来事が起こっても、復活する力」のもとにもなっています。

そんなエネルギーを補給するのに、一番大切なのが睡眠です。しかし、エネルギーが消耗されて減ってくると、眠るためのスイッチを入れる体力も落ちて、眠りが浅くなったり、眠っているはずなのに疲れがとれなくなったりしてきます。

このエネルギー量は、人間関係がうまくいかなくてストレスがたまったり、ハードワークや寝不足が続いたりすると、どんどん失われていきます。また、女性の場合は、妊娠期や産後、更年期や毎月の月経リズムによるホルモン分泌量の上下動によっても消耗が大きくなります。

このように、エネルギーは毎日絶えず消耗されており、心身の状況に応じてさらに消耗し、その結果、私たちのメンタルにも非常に大きな影響を与えているものなのです。

サイコパスよりも厄介な理由

さて、人付き合いのなかで「エネルギーを奪う人」と聞くと「サイコパス」的な人が思い浮かぶと思います。

サイコパスとは、一見すると才能豊かで魅力的に見える人物であるものの、良心の呵責《かしゃく》を感じることなく平気で嘘をつき、簡単に人を欺《あざむ》く、そんな人物のこと。人をコントロールして利用することに長《た》け、ときには冷酷な判断も下せるサイコパス気質の人は、政治家や経営者など組織を束ねる人、命を救う判断を瞬時に下さなくてはならない外科医などに多く、世のなかを大きく動かした歴史上の人物にも多かったとされています。

サイコパスのターゲットとなり、コントロールされる側になってしまうと、常に振り回され、エネルギーを消耗していきます。サイコパス気質の人と付き合うのはなかなか大変そうではありますが、**よくも悪くも、その発言や行動は目につきやすい。**だから、「あの人はヤバそう。あまり近づかないようにしておこう」と、あらかじめこちら側から予防策をとることができます。

では、「一見、いい人」の場合は、どうでしょう。

サイコパスのような、あからさまに「困った」「怖い」印象はまったくありません。ごくごく普通の人です。それが厄介なのです。

見た目や雰囲気は文字どおり「一見、いい人」であるため、よく付き合ってみないと、自分のエネルギーを消耗させる人だとは察知できません。一緒に過ごしているうちにじわじわとあなたのエネルギーを奪いますが、自覚しにくい分、逃げる手段をとりにくい。つまり、**逃げ足が遅くなってしまう**のです。

「低温やけど」のように重症化しやすい

「一見、いい人」から逃げ損ねて、じわじわとダメージを受けているのに気づかない。この状態は**「低温やけど」**と似ています。

やけどには、「浅いやけどほど痛みなどの自覚症状が強く、深くなるにしたがって痛みに気づきにくくなり、重症化しやすい」という特徴があります。

いわゆる、サイコパスのような「わかりやすく怖い人」の場合、触れたらすぐに「あちっ！」と気づくので、手を引っ込めればひどいやけどにはなりません。すぐ冷やすこともできるので、傷も治りやすい。

一方、湯たんぽやカイロのように比較的低温のものは、ほどよいぬくもりを感じます。「一見、いい人」も同様に、表面的には「あったか～い」という心地よさが

「一見、いい人」はじわじわとダメージを与えてくる

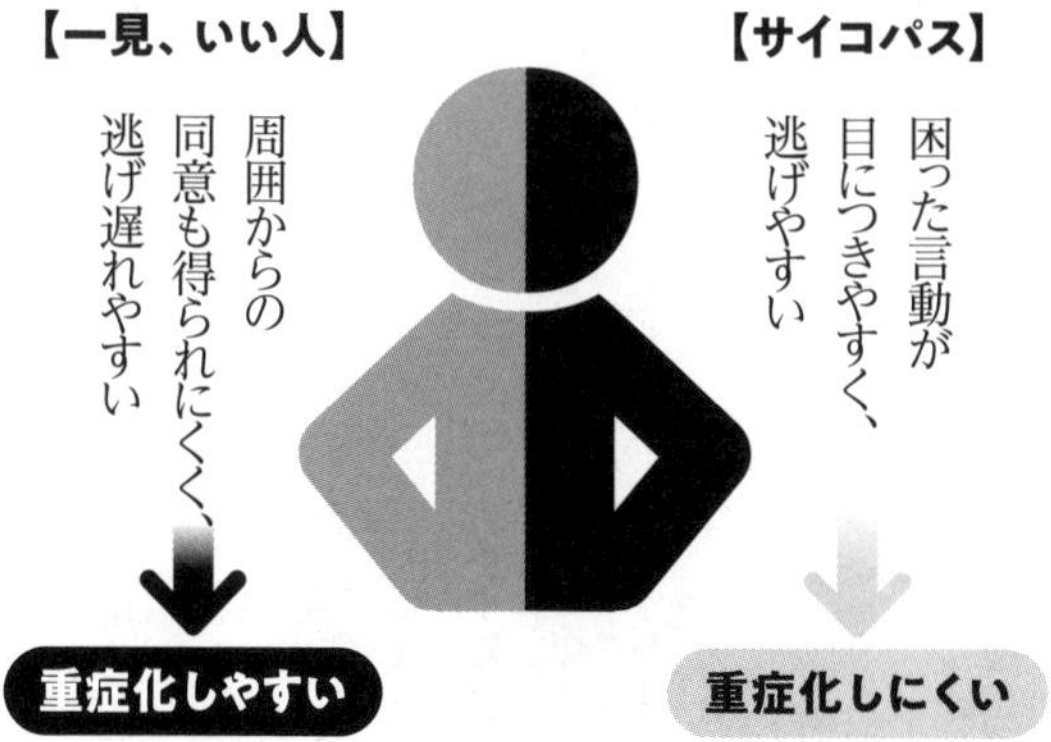
【一見、いい人】
周囲からの
同意も得られにくく、
逃げ遅れやすい
重症化しやすい
【サイコパス】
困った言動が
目につきやすく、
逃げやすい
重症化しにくい

あるのです。その心地よさとは「この人となら成長できそう」「私が守ってあげなければ」というような、あなたの快感や願望と結びついています。

ぬくもりがあるためすぐには離れがたく、知らないうちに皮膚の深くまでやけどをする「低温やけど」と同じように、「一見、いい人」はあなたのエネルギーを奪っていきます。低温やけどは、組織の奥まで破壊するので回復にも長い時間を要します。

今、「一見、いい人」に悩んでいるあなたも、**「自分が受けているダメージは、自分が思っているより大きいのだ」と自覚してほしい**のです。

その悩みは、エネルギーの枯渇のせい

冒頭で「一見、いい人」はあなたのエネルギーを奪う、とお話ししました。

カウンセリングを行なっていると、つくづく**「人というものは、悩み事で悩んでいるのではなく、エネルギー低下によって悩んでいるんだなあ」**と思います。

本当は、悩み事そのものにアプローチするよりも、まずエネルギーを回復させることを最優先にするべきです。そのほうが、いろいろなことが無理なく、うまく回るようになります。

ところが、人は疲れてしまうほど頑固になり、「疲れていません！」と認めなくなる傾向に。

ですから、私の仕事は「クライアントを（体も心も）いかに休ませるか」に集中することになります。クライアント自身も腹をくくり、きちんと心身を休ませるこ

とができてエネルギーを取り戻したときに、はじめて「エネルギー回復ってこんなに大切なことだったんですね」とおっしゃいます。

エネルギーが枯渇した状態が「うつ状態」です。うつ状態とは、食欲がなくなって行動する意欲もなくなる、眠れなくなるからよけいに疲れる、ふだん当たり前にできていたことができなくなる、大変苦しい状態です。

自殺願望が出てしまうのも、エネルギーが底をついてしまうからです。涙が止まらなくなるほど感情を抑制できなくなったり、感情そのものが出てこなくなったりします。こうなると、「うつ病」という診断がつきます。

エネルギーがどれくらい自分のなかに満たされているかどうかは、車のガソリンメーターのように目で確かめることはできません。**自覚しないうちに、どんどんエネルギーは失われていきます。**

さらに、「イライラする」「不安」「焦る」といった感情はエネルギーを消耗させますが、その感情にフタをしようとすることでも、ますますエネルギーは奪われていきます。フタをするのにも、エネルギーが必要なのです。

つまり「一見、いい人」に悩んでいる人は、**「この人が嫌い」という負の感情と「この人を嫌ってはいけない。いい人だから」とフタをしようとする葛藤によって、二重でエネルギーを消耗していること**になります。

この「消耗疲れ」が苦しいのです。

「白黒思考」という負のスパイラル

「一見、いい人」に疲れているとき、あなたの心では、なにが起こっているのでしょうか。人間には「相手を『いい人』と『悪い人』に二分化して考えたがる」という特性があることもお伝えしておきましょう。

目の前の相手が「いい人」か、それとも自分に危害を及ぼす可能性のある「悪い人」かを、誰もが無意識に判断しています。それは、人間として自然なこと。

しかし、ここで注意したいのは、**人はエネルギーを消耗して疲れてくると、物事**

も「二分化」したくなることです。心理学では「白黒思考」と呼ばれます。これによって、負のスパイラルに陥ってしまうのです。

元気なときは、多少の負荷がかかっても、問題を切り分けて考えたり、「嫌な相手にもいいところはある」などと柔軟な思考をしたりすることができます。

しかし、エネルギーが減った状態では、行動するのも面倒に、思考するのも億劫《おっくう》になってきます。このようなときにどっちつかずの状態でいることは、心にとても負荷がかかります。そのため、**物事を極端にとらえる「白黒思考」によって、物事を一見、シンプルに見ようとします。**

中途半端な状態は、よく吟味しないといけない分、エネルギーを消耗しますよね。なけなしのエネルギーなのに、相手のことが思い浮かぶたびに吟味するのは、とても苦しい。そこで、「この人は○○だからいい人」「この人は□□だから悪い人」と分けてしまえば、それ以上考えなくていい——。

うつになると、「会社を辞める」「離婚する」と極端な選択をしてしまいやすいのは、その人が中途半端な状態に耐えられないからなのです。

とはいえ、人間というものは、たとえ「いい人」だと思っても「一〇〇%いい部分だけの人」というのはあり得ません。誰しもが「部分的に困った部分」を必ず抱えているもの。

その「困った部分」を無視して「いい人か悪い人か論争」をしたくなるのは、あなたが疲れてしまっている証拠なのです。そして結局、この二分化によって、**さらにあなたは葛藤して、エネルギーを消耗していく**ことになります。

私が「人というものは、悩み事で悩んでいるのではなく、エネルギー低下によって悩んでいる」と考えるのはこのためです。

まず、エネルギーを回復することによって、あなたが敵だと思っている相手の「悪い点」も、「まあ、人間だからな」とか「相手も疲れているのだろう」と許容できるようになる可能性があります。

そしてそれは、あなた自身がエネルギーを回復できてはじめて見えてくる視点です。エネルギー回復のために行ないたい「休み方」については、第5章でじっくりとお伝えしましょう。

「いい人」と「悪い人」は表裏一体

ここで「一見、いい人」とはどんな人なのか、あらためて考えてみましょう。
取り立てて悪いところはなさそうなのに、なぜかあなたのエネルギーを消耗させる「一見、いい人」。まずはあなたにとっての「いい人」とは、どんな特徴を持った人なのかを書き出してみましょう。

✔あなたにとって「いい人」とは？　リストアップしてみよう

【例】

面倒見がいい／親しみやすい／穏やかである／頼まれ事を断らない／努力を厭《いと》わない／口うるさくない／頭がいい／才能豊かである

こうやってリストアップしてみると、リストに当てはまるような人物に、悪人などいなさそうに思えてきますね。

しかし、人間はそんなに単純にはできていません。最初は「いい人」に思えていたその人の「長所」から、じわじわとあなたを消耗させる側面が現れてきたとしたらどうでしょう。

長所を一つひとつ、ひっくり返してみましょう。

「面倒見がいい」が過剰であると、束縛感を抱き、負担になります。

「いつも穏やか」でも、その裏でなにを考えているかよくわからない人もいます。

「頼まれた仕事は断らない」かわりに、実際の作業はミスが多くて、結局フォローをするあなたの負担が増えてはいませんか。

「努力家」であるがゆえに、仕事を一人で抱え込み、突然イライラしはじめる。そんな相手に、あなたは振り回されているかもしれない。

「口うるさくない」けれど、なんのアドバイスもなく、方向性も示してくれないために、結局やり直しの作業が増えてしまう。
「才能豊か」ではあるけれど、気まぐれや思いつきで周囲を振り回している……。

どうでしょうか。
いずれも、あなたのエネルギーを消耗させる側面ではありませんか？
あなたは相手のそんな一面に、うっすらと嫌気が差しているはずです。

「いい人」の長所は、短所でもある

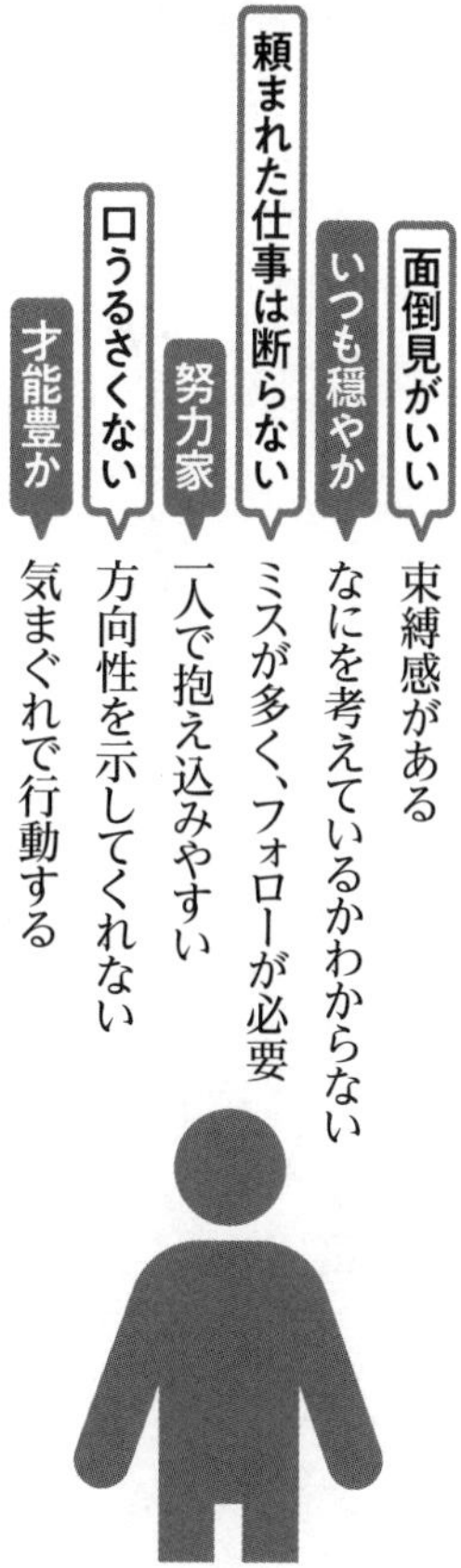

第一印象とのギャップが大きいと……

人は、社会に出るときには必ずなんらかのペルソナ（外向きの人格）を身にまとうものです。

つまり、**誰もが最初は、相手にいいところを見せようとして〝お化粧〟をしています。**

しかし、徐々に相手との距離が近くなってくると、化粧を落とした素顔を見せるようになる。そして、化粧をした顔と素顔のギャップが大きいと、その衝撃も大きくなります。

最初に惹かれた「いい人要素」の印象が強烈だと、現実に見えてくる素顔とのギャップが大きくなり、あなたのなかでの葛藤も大きくなってしまうのです。

もともと第一印象が「ほどほど」だった場合は、相手への期待値もさほど高くなりません。そのため、欠点が見えてきても「まあ、そんなもんだ。もともと期待していなかったし」と許容できるでしょう。

しかし、第一印象がよいと、こちらの相手への期待値は最大限に高くなってしまいます。「素敵な人を見つけた！」と思っている分、現実を知ったときの戸惑いも大きくなります。

恋愛でも、第一印象で「この人、素敵」と感じると、最初のうちはいいところばかりにスポットライトを当てます。そのまぶしさゆえに、**たとえよくない部分がちらっと見えたとしても、曲解して見えなかったことにする……**。

恋愛だけでなく、職場などでも、実際にその関係性や環境に慣れてはじめて「こんな人のはずじゃなかった！」という部分が見えてくるというのは、誰もが経験したことがあるはずです。

そうやって「惚れさせる」側面が大きいのが、「一見、いい人」の特徴なのです。

周囲に〝被害〟を共感してもらいにくい

人は、程度の差こそあれ、環境をともにする相手の「理想」と「現実」のギャップに気づくと、**相手をなんとかして変えて、ラクになりたくなるものです。**

ところが、相手の性格は、一晩でできあがったものではありません。

出会った人や環境のなかで生き抜くために、それぞれ「生き方」を必死で作ってきたのです。

にもかかわらず、あなたはその性格を変えたいと思いつづけ、いろいろな策を練っては空回りし、振り回される。そのたびに、あなたはエネルギーをどんどん消耗します。

すると、**だんだん自分を消耗させる相手のことが憎らしくなってくる。**

このように、相手のことを「嫌い」「憎らしい」と思ったとき、ラクになるためには第三者に「共感してもらうこと」が効果的です。

しかし、相手は「一見、いい人」ですから、周囲に「いい人イメージ」が定着しています。「あの人が嫌い！」と大声で言いたくても、理解してくれる人がいない。たとえ言ったとしても、「そう？　いい人だと思うけどな」と答えられるだけで共感してもらえません。

すると、あなたの苦しみは、行き場をなくしてしまいます。

むしろ、**みんなから好かれている人の悪口を言ってしまったことで、自分の居場所がなくなるかもしれない**、という恐れすら抱くようになります。

有能な「一見、いい人」はもっと危ない

あなたが悩まされている「一見、いい人」の能力がとても高い場合、「比較」による疲れも起こってしまいます。

人間は、どんなときでも、必ず「自己評価」をしています。

たとえば、職場で「業績悪化の打開策のアイデアを、週末の会議で一人ずつ発表する」という課題が与えられたとしましょう。

あなたは「きちんと発表できるだろうか」と不安を感じる。このとき私たちは、無意識のうちに「不安を感じている自分はダメだ」とか「きっとある程度のアイデアは出せるはず」といった自己評価を行なっています。そして、自己評価をするためには、基準となる「比較対象」が必要になります。

比較対象となる同僚が「面倒だよねー。ああ、週末の会議が憂うつだ」と愚痴を言い合えるような人だと、あなたは「困っているのは自分だけではないんだな。まあ、なんとかなるかな」と楽観的になれるでしょう。

しかし、能力が高くて弱音を一切吐かない「いい人」が比較対象だと、どうでしょうか。とたんに基準のハードルが高くなり、「この人に比べて、愚痴ばかり言う私は……」と自己評価は下がります。**あの人は苦もなく課題に取り組んでいるの**

「デキる、いい人」と比較してしまうと、自分のペースを失ってしまう

に、それに比べて自分はダメだ、と思うようになるのです。

人にはそれぞれ、自分のリズムがあります。しかし、組織で働いたり、人付き合いをしたりするときには、無意識のうちに自分のリズムを周囲に合わせようとしてしまうものです。

併走相手がいわゆる「デキる、いい人」だと、気づかないうちにあなたはオーバーペースになっているかもしれません。

それに気づかず、ハイペースで走りつづけてしまうと、どんどんエネルギーを失い、疲労を深めてしまいます。

すると、あんなにやりがいを感じていた

仕事に、意欲や興味を感じなくなったり、自分のペースで突っ走る「いい人」のことを疎ましく、憎らしく思うようになったりします。

デキる上司や優秀な親を苦しく感じるのは、このメカニズムによるもの。

「働き者ばかりでポジティブな雰囲気にあふれた職場」で、このように人知れず疲労を深めている人は、たくさんいるのです。

あなたが感じているのは「警戒疲れ」

いい人のような雰囲気を出しているけれど、なにか見返りを要求されているような気がする。いい人のように見えるけれど、なにか後ろ手に攻撃する武器を隠しているのではないか、という不安がある。いい人だと周囲から思われているけれど、一緒にいると自分がとことんダメな気がしてくる。いずれも、苦しい状況です。

あなたがなんらかの「嫌な感じ」を察知しているのなら、その感覚を無理に押し殺さないことが大切です。**その「嫌な感じ」は、自分を守ろうとする警戒センサーの働きによるものだから。**

いくら頭で「あの人はいい人だから……」と言い聞かせても、あなたは無意識のうちに常に相手に警戒心を抱いているのです。

つまり「一見、いい人」に疲れるのは、あなたの心が消耗しているからであり、警戒疲れをしているから。

さらには、「いい人なのに嫌っている自分」を責めているからなのです。

第2章では、あなたが「一見、いい人」を前にしたときに、心や体がどのように反応しているのかを具体的に見ていきましょう。

なぜなら、「一見、いい人」への対策を考える前に、自分のなかでなにが起こっているのか、自分をどうケアすればいいのかをまず考えたいからです。「一見、いい人」にどう対処していくかは、それを理解した後に考えていきましょう。

第2章

そのざわざわ感は、感情の「悲鳴」です

人の心はころころ変化する

「一見、いい人」に悩んでいる。でも、すぐに離れるのは難しい。そんなふうに葛藤するあなたは、すでに低温やけどのような深いダメージを受けている状態かもしれません。

受けた傷を回復させ、再びダメージを受けないようにするためには、「なぜ傷ついてしまったか」を客観的に知ることが必要です。

ここ第2章では、あなたがなぜ、どのように「一見、いい人」からダメージを受けてしまうのか、そのメカニズムを見ていきましょう。

第1章では、「一見、いい人」はあなたから知らないうちにエネルギーを奪い、消耗させている、ということをお話ししました。

私は、カウンセリングの際にいろいろな人の人生に接しています。かつて所属していた自衛隊ではPKO（国際連合平和維持活動）に参加し、災害に遭遇した非常に厳しい状況で人がどうなってしまうのか、ということをつぶさに見てきました。

その結果、知ったのは**「人間はきわめて動物的である」**ということでした。

疲れ（＝エネルギーの損失）次第で、機嫌も変わるし、意見だってころころ変わるのが人間です。人間の心は決して一貫しているわけでなく、絶えず、遭遇する出来事やコンディションによって揺れ動いているのです。

私がよくカウンセリングでお伝えしているのは、**「人間が原始人だったころに立ち返ってみる」**というやり方です。

原始人だったころに立ち返ることで、「常識ではこうだ」「自分はこう対処しなければいけない」「普通はこうあらねばならない」というような理屈偏重《へんちょう》の考え方が削ぎ落とされ、心をよりシンプルにとらえやすくなります。

私が「人の心を原始人モードでとらえる」ようになったのは、自衛隊時代に、はじめて心理教官となったときでした。心理学に関する数多くの資料を読むなかで、ハンス・セリエという生理学者の「ストレス学説」に出会いました。

ハンス・セリエは、「私たちのストレス反応は、自分にとって有害な外部刺激に対する正常な反応として起こるものである。**ストレス反応があるからこそ、私たちは命を維持していくことができる**」と述べています。

あなたの感情は、あなたを守るため

私たちが苦手としがちな「怒り」や「恐怖」という感情が心に湧きあがるのと同時に、心拍や血圧は上がり、筋肉は緊張度を高めます。

つまり、これらの感情は、命を脅かそうとする外敵と戦って命を守るための、真っ当で原始的な自己防衛本能だ、というのがセリエの考えです。

人間の心身の根本的なメカニズムとして、「すべての感情はその人自身を守るために起こっている」という立ち位置に身を置くと、ストレス時の反応を素直に受け止めやすくなり、納得しやすくなる、と私は思ったのです。

現代社会に生きる私たちは、つい自分が「生き物である」ことを忘れてしまいがちです。しかし、本質は太古の昔から変わらず、種を存続させるためにエネルギーを確保し、外敵から身を守ろうとする本能を強く持っています。

疲れたときにイライラや不安に襲われるのは、エネルギー欠乏のサイン。

本能的な感覚のなせるわざで、大切な反応です。

原始人にとって「他人」は、猛獣と並んで「自分を殺すかもしれない」警戒すべき対象です。ですから、違和感を抱く相手に対しては神経をとがらせ、警戒スイッチが入るようにできています。一方で、孤独だと仲間から守ってもらえる確率が低くなるので、人は誰かと一緒にいたいと感じます。苦しい気持ちを誰かに理解してもらおうとするのは、それによって「味方」が増える可能性があるからです。

また、他人と自分とを比較し「勝ちたい」と思うのは、集団のなかで評価され、立場が強い存在でいるほど、食料の分け前を多くもらうことができる、つまり生き抜く確率が高くなるからなのです。

それ、エネルギー低下の危険信号かも？

「一見、いい人」に振り回されてエネルギーを消耗しているとき、体や心にはどんな変化が起こるのでしょうか。原始人モードで想像してみましょう。

原始人がエネルギーを消耗すると、力が出なくなります。外敵にも襲われやすくなってしまいます。すると、いつやってくるかわからない外敵から身を守るために、次のような反応が起こります。思い当たることは、ありませんか？

●体が緊張する

敵の攻撃からいつでも身を守れるようにするために、体が緊張します。たとえば、苦手な人が右隣の席にいると、緊張によって右側の肩や背中だけが痛くなったり筋肉痛のようになったりすることがあります。

●考え方がネガティブになる

身の回りの出来事から、ネガティブな情報ばかりを拾いあげるようになります。不安要素があれば、いち早く知っておく必要があるからです。

苦手な人がこちらを見ただけで「また私を責めようとしている」「なにか指摘しようとしてチェックしている」と思い込み、被害妄想が激しくなり、その人の声や気配にも敏感に反応するようになります。これは、敵の攻撃から身を守るためです。

●そわそわ落ち着かず、焦る

焦るようになるのは、「この危機を脱するための対策を講じないと死んでしまう」という原始人的な不安感によるものです。

●些細なことで怒りっぽくなる

攻撃されたらすぐに反撃できるように臨戦態勢をとる必要があるので、イライラしやすくなります。些細なことにもカチンときて、相手にくってかかることもあります。「威嚇」することによって、敵を遠ざけようとする働きです。

●食欲が低下する

厳しい環境を生き延びなければならないので、食欲も最小限に。あまり食べたくなくなります。

●眠れなくなる

夜は弱っている原始人にとって、一番危険な時間帯です。暗くなると神経をとがらせるようになるため、不眠気味になります。小さな物音にも敏感に反応し、眠りが浅くなります。

●引きこもる

外敵に会う確率を低くするためには、引きこもるのが一番。「なぜか会社に行きたくないから」「あの人に会うのが憂うつだから」「話しただけで疲れてしまうから」と、出不精《でぶしょう》になります。

疲れてエネルギーを失ったときに出てくるこのような心身の状態は、当人にとっては「なんでこんなことに?」と戸惑うようなものばかりでしょう。

しかし、すべてはエネルギーが低下したあなた自身を守るために起こっている、**「生命維持のための仕組み」**だとわかると、受け止められるようになるのではないでしょうか。

感情にはそれぞれ「目的」がある

心と体は別々ではなく、いつも強くつながっています。

感情は、あなたを脅かすような出来事が起こると、すぐに特定の行動を効率的に行なえるようにと、体と心を一瞬のうちに「準備態勢」にします。

たとえば、恐怖という感情は、猛獣に襲われそうになったときに発動します。猛獣の姿を見れば、なにがなんでも逃げるという行動に出ます。

そして、姿が見えなくなっても「また現れるかもしれない」と思い、少しの物音や気配に敏感になります。頭のなかでは、猛獣が襲ってくるイメージが繰り返し浮かびます。「簡単に安心してはならない」と思い、岩や木など、どんなものも怖く見えてしまいます。

恐怖以外の感情も、すべてそれぞれの目的を持っています。次のページに各感情の目的をまとめましたので、ぜひ覚えておきましょう。

さまざまな状況に対して、あれこれ考えず瞬時に対応できるよう、私たちの心と体には「気持ち＋体の反応」がセットで準備されています。人間には、こういった仕組みが標準搭載されているのです。

感情には、必ず「目的」がある!

驚き	状況の変化に対応し、準備を始めなさい
怒り	敵に反撃し、威嚇しなさい
恐怖	その場から逃げなさい
不安	将来の危険を予測し、行動を起こしなさい
後悔	過去の言動を反省し、対策を講じなさい
悲しみ	傷ついた状態だから、引きこもりなさい
恋愛	性行為をして子孫を残しなさい
無力感	対象のものから距離を置きなさい
あきらめ	次の課題に向かいなさい
喜び	安全、生命の維持情報を分かち合いなさい
ねたみ	自分の取り分をなんとしても確保しなさい

なぜあの人に「過剰反応」してしまうのか？

感情のプログラムは、原始人が生きるか死ぬかという「命に関わる危機」を乗り越えるために身につけたもの、ということがおわかりいただけたでしょうか。

しかし、現代では、このプログラムが敏感に作動しすぎることが問題になっています。猛獣もいないし食料だって手に入るし、安全な環境が確保されているのに、**「小さな危険」に対して命がけレベルで感情が発動し、アラートを発してしまう**のです。

たとえば、あなたの苦手なタイプの上司がいたとします。

あなたがその上司を「敵認定」していると、その人に少し注意されただけで、恐怖スイッチが入ります。上司が咳《せき》払いをしただけで、「なにか言われるかも」と身構えます。家に帰っても上司の声や顔が忘れられず、夢にまで見るかもしれません。

上司の姿をちらっと見ただけで、足がすくんでしまうことも……。

これはどう考えても「過剰反応」です。

しかも、このような感情の「過剰反応」が起こっていると、あなたの大切なエネルギーはどんどん消耗されていきます。結果として、「消耗苦」を引き起こしてしまうのです（詳細は第3章で）。


ここで実験です。「怒り」の感情を、自身の体を使って再現してみましょう。

肩をいからせ、こぶしをぎゅっと握りしめ、歯をぐーっと食いしばり、呼吸を浅くする。これを三分間続けるだけでも、相当疲れると思いませんか。

これを長時間続ければ当然、心身は相当なダメージを受けているはずです。このように、怒りは無意識のうちに人を消耗させているのです。

「不安」の場合も、「もしもこうなったら」という最悪の事態をシミュレーションする思考が延々と続くので、エネルギーの消耗が激しくなります。

では、「喜び」ならば疲れないのかというと、実はそうでもないのです。「喜び」

は、原始人モードで考えると「周囲に安全や食料、水などの存在を知らせるために発動する感情」になります。笑ったり大声を上げたり、ジャンプしたりして、心拍数も上がります。これはこれで、結果的にエネルギーを消耗することになります。

つまり、残念ながら「喜び」という感情も体に負担をかけるのです。

安静時でもエネルギーは消費している。ましてや……

近年の脳科学のデータによると、人の脳は一・二キロほどの重さしかないのに、体が消費するすべてのエネルギーの約二〇%を使用しているそうです。

この約二〇%のうち、六〇～八〇%は、脳が意識的な活動をしていない安静時に働く「デフォルト・モード・ネットワーク」という神経活動に使われています。

デフォルト・モード・ネットワークとは、コンピュータでいえばOSやウイルス対策ソフトのようなもの。アプリをなにも起動していなくても、それだけで大きなエネルギーを脳は消費しています。

ましてや、常に特定の人たちに対してイライラや不安を感じている状態は、いわば複数のアプリが立ちあがり、フル稼働しているようなもの。スマホであれば、過剰な負荷がかかって熱くなっている状態です。

感情は目には見えないため、意識から消えているようでも、このようにじわじわとエネルギーを消費しているのです。

そうはいっても、命を守るために人間に刻まれた大切な仕組みです。貴重なエネルギーを消費してしまうのも、仕方がない面もあります。

しかし、私たちの日常では、このような仕組みが過剰に発動してしまうことが多いことを、ぜひ知っておきましょう。

「一見、いい人」に接するということは、**怒りや恐怖、不安など、さまざまな感情が必要以上にかき立てられ、刺激されている**ということ。

だから、あなたは、ぐったりと疲れてしまうのです。

現代人がおびえる「人間関係」のリスク

このような原始人モードで考えると、私たちは「エネルギーを使うことを強烈に苦痛に感じる」ようにできていることがわかります。

エネルギーが減ることとは生命の危機に直結するため、極力無駄遣いをしたくない。そのため、さまざまな感情のなかでも、差し迫った危険に対応するための「恐怖・怒り・悲しみ・不安・ねたみ・自己嫌悪・罪悪感」などの大きなエネルギーを使う感情を、私たちは本能的に「避けたい」と感じます。

でも、「原始人、原始人っていうけれど、原始時代と今とでは環境も生活の仕方も変わっている。だから、さほど感情からエネルギーを奪われていないのでは？」と思われるかもしれません。いえいえ、現代では感情のエネルギー消費がむしろ高まっているのです。

原始人を脅かしていたリスクを、五つ挙げてみましょう。

1　水、食料の不足
2　自然災害
3　猛獣や毒蛇などの外敵
4　病気、ケガ
5　人間

これらのうち、1から3は、現代の日本ではかなり少なくなりました（地震などの自然災害は相変わらず起こるものの、常にびくびくしているわけではありません）。4についても、医療の発達によって、リスクはずいぶん減ったと言えます。

1から4の危険が減ってきた分、**相対的にリスクが高まったのが、5の「人間」**です。現代人は、人間（近くにいる警戒すべき相手）に対して感情を大きくかき立てられやすくなっている、と私は考えています。

頭のなかで対立している理性と感情

さて、理性があれば、どんな感情でもほどよくコントロールできるはずだ、と思っている方もいるかもしれません。しかし、感情の「勢いの強さ」は、理性よりも段違いのパワーを発揮します。そして、ひとたびあふれ出すとなかなか止まりにくい「しつこさ」も兼ね備えているのです。

次ページの図のように、理性と感情は、そもそも物事のとらえ方がまったく異なります。

たとえば、「この人といい関係を持ちたい」と感じる場合の両者を比べてみましょう。理性目線で考えると、「自分よりも目上」「自分を責めるわけではない、むしろ協力的」「周囲からの評判もいい」というように、客観的事実を含めた総合的な見方で判断することができます。

理性と感情は、物事のとらえ方がまったく違う！

感情

重要度や思考の方向性の最終決定権を握っている

短期的視野、相手との関係、近くにいる人の意見、将来と過去を見つめ、「一つの利益」に命がけで集中させることが得意

理性

通常は、こちらが支配している

長期的視野、社会との関係、客観的事実、今するべき課題などを冷静に考え、「総合的利益」を見通すのが得意

一方、感情目線が見るのは「すぐ、そば」のもの。命を守るというミッションを遂行するため、どんなリスクも見落とすまいと、すみずみまで照らし出すように目をこらします。「安心するな、信用できないかもしれない」「あのとき、あんな発言をしてきた」「自分を見下すような目をした」と、通常は見落としそうなリスクまで拾いあげようとします。

長期的視野を持つ理性に対して、感情には短期的視野しかありません。

そして、そんな感情に対して、理性は畳み掛けるように反論をしてきます。

「怒り」に対しては、「怒ったってどうしようもないじゃない」。

「悲しみ」には、「起こってしまった結果は変わらないんだから、忘れなよ」。

「不安」には、「考えてもきりがない。考えるだけ、無駄だよ」。

「恐怖」には、「怖がりすぎ。殺されるわけじゃないんだから」というふうに。

理性は、このようにして感情を説得しようとしますが、感情は納得してくれません。ざわざわして疲れているあなたの頭のなかでは、こんな対立が起こっているのです。

「なんだか嫌」という感情の言い分に耳を傾けよう

理性と感情の仕組みを踏まえて、あらためて「一見、いい人」について考えてみましょう。

「なんだか嫌」という、うっすらとした嫌悪感をかき立てられているあなた。わかりやすい感情ではありませんが、それは「一見、いい人」によって、じわじわとエネルギーが蝕《むしば》まれていることを感情が教えてくれているのです。

ところが、理性は感情を抑えようと説得をしてきます。

「あの人は、いい人だよ」

「なんの敵意もないことはわかっているじゃない？」

「特にひどいことを言われたわけじゃないでしょう？」

しかし、感情は「危ない、危ない」とアラートを鳴らしつづける。これが「一見、いい人」からあなたが感じる「ざわざわ感」の正体です。

頭で理解していることと、自分の感じ方が違っているのです。

だからこそ、まず手をつけたいのは、これまで邪険にしてしまってきた、**感情の言い分をしっかり聞くこと**。

そうすれば、「自分は十分につらい思いをしていた。相手が悪い人じゃないとしても、実際に被害があるんだから離れてもいい。逃げていいんだ」と、適切な判断ができるようになります。

理性が説き伏せようとするときの感情について、次のようにイメージすると、よりわかりやすいかもしれません。

あなたが家族のなかで一人だけ、危険に関するある情報を知っていたとしましょう。それを家族に伝えたいけれど、誰も耳を貸してくれない。あなたが発言しようとすると、笑われたり無視されたり、口をふさがれたりする。しかし、危険は現実にそこにある。発言を封じられるほど、大声で叫びたくなりますよね。

「本当に危ないんだよ！　わかって！」

じわじわと「一見、いい人」にエネルギーを蝕まれているあなたを知っている感情もまた、「今すぐ、あの人から逃げて！」と叫んでいます。

感情を押し殺そうとすると、フタをするためにもエネルギーが消費される。ますます感情は勢いを強め、イライラや不安感は強まります。そこには、この先の第3章でお話しする「消耗苦」のメカニズムが関係しています。

まずは、「苦しい」という感情を認めましょう。

そのうえで、理性と感情をバランスよく調和させ、実際の行動を選んでいくのです。その具体的手順については、第4章のそれぞれのケーススタディで、お伝えしていきます。

「感情と仲よくなる」のが最善の「一見、いい人」対策

誰かと言い争いが起こったときに、「そんなに感情的にならないで！」という言

葉をよく聞きますよね。このように、感情はどうしても忌《い》み嫌われがちです。
私たちは「感情をコントロールしたい」と思っています。感情を理性でコントロールしてこそ、立派な人間だという考え方もあるでしょう。

しかし、私は少し違うと思うのです。

本当の大人とは、**理性はいとも簡単に感情に負けてしまう、という現実を否定せずに受け入れ、そのうえで最善を尽くそうとする人**ではないでしょうか。

近年「アンガーマネジメント」が注目されていますが、このメソッドを曲解して「そもそも感情は、コントロールが可能なんだ」と、感情に対して上から目線になっている人がいます。すると結局、感情の声に耳を傾けなくなり、自分自身を追い込んでしまう。

日本人は農耕民族と言われており、天候不順のなかで農作物を育て、集団のなかで身を寄せ合い、助け合ってきた歴史があります。一方、その日に狩りをした成果によって運命を左右される、狩猟民族だと言われている欧米人は「なるようにしかならない」と考え、「自分は自分、人は人」と切り分ける精神性を持っています。

そもそも、私たち日本人は、天候の変化を敏感に察知するために、心配性でいるほうが生き抜くのに有利でした。また、集団で協力し合って農作物を育ててきたため、人との調和を大切にするメンタリティも強いのです。

がんばり屋で優秀な人ほど、西洋式のメンタルマネジメントをしてもうまくできず、原因を自分ばかりに求めて自信を失い、よけいに感情的になる、という悪循環に陥るケースが多いと感じます。

「感情をコントロールする」という前提は消してしまいましょう。

むしろ、感情と仲よくなるのです。

あなたの感情を理解できるのは、この地球上であなたしかいません。

この当たり前のことに、あらためて向き合ってみてほしいのです。

本書の解説をはじめ、日々いろいろなやり方を試行錯誤してみることによって、「感情を尊重し、折り合いをつける」練習をしていきましょう。

第3章

疲れるのは、「三つの苦しみ」がループするから

「一見、いい人」がもたらす三つの苦しみ

「苦しみの感情は、自身が自身に危険を訴えている」ということをご理解いただけたところで、ここからは「一見、いい人」に悩んでいるあなたが直面している苦しさの中身を見ていきましょう。

「一見、いい人」への苦しみの原因は、次の三つに大別されます。

①人格が変わってしまう**「消耗苦」**
②不安をかき立てられる**「警戒苦」**
③自信を失う**「自己嫌悪苦」**

この三つの苦しみが繰り返しあなたを責め立てることで、あなたはエネルギーを

奪われてしまっているのです。

それぞれのメカニズムがわかると、苦しさの意味がわかり、対処の仕方もわかってきます。

その① 性格が変わるほどの負の力を持つ「消耗苦」

「一見、いい人」への苦しみ、一つ目は「消耗苦」です。

あなたの仕事の負担を増やしたり、振り回したり、イライラさせたりする「一見、いい人」は、怒りや不安といった感情をかき立てることによって、あなたのエネルギーを奪います。これが「消耗苦」です。

実はこの**「消耗苦」は、あなた自身のそのときどきの疲労蓄積状態によって大きくもなり、小さくもなる、**という特徴があります。

エネルギーの消耗は、次ページの図のように「第一段階」「第二段階」「第三段階」と段階的に深まっていきます。しかし、人は疲労が知らないうちにどんどん蓄積していることを、なかなか自覚することができません。疲れていても、やらなくてはいけないことが山積み状態だからです。

「たしかに今は大変ですが、別に無理しているというほどではありません。他の人だって同じようなストレスにさらされてもがんばっているし、無理をしているのは自分だけではありませんから……」

原因不明の不調ややる気の低下に悩み、カウンセリングに訪れるクライアントが共通して口にする言葉です。

こうやってがんばり屋の人は、**無意識のうちに「理性」で「感情」を封印し、疲れセンサーを鈍らせ、「消耗苦」を加速させていきます。**

では、この「消耗苦」はどのように進行していくのでしょうか。

エネルギーの消耗は、三段階に分かれている

**ストレスによって
エネルギーが低下すると……**

第一段階

日々の疲れを実感できる状態。
ときには、むしろ高揚感が高まることも。
「一見、いい人」にも特に違和感を抱かない。

第二段階

疲労を感じやすくなり、体の不調が現れる。
「一見、いい人」にイライラしやすくなり、
心がざわざわしはじめる。

第三段階

心が明らかに変化する。
「一見、いい人」の言動に苦しさを覚え、
自分を責めて自信をなくし「別人化」する。

「消耗苦」には三つの段階がある

《なんとか持ちこたえられる「第一段階」》

第一段階

疲労　疲れるものの、回復できるレベル

「一見、いい人」には　接しても、特に気持ちはざわつかない

疲れは、回復しきらないと積み重なっていく、という特徴を持っています。
まだ健康的なレベルにあるのが、第一段階の疲れ。
誰にでもある、日常的な疲労を感じる段階です。仕事でトラブルがあったり、帰

宅途中で電車が止まったりするなど、なんらかの予期せぬ出来事があったけれど、なんとか対処した。「ああ～、今日は疲れた！」とひと晩眠ればかなり回復できる、というのが第一段階です。

私たちは、なんらかのトラブルに遭遇して疲れを感じても、これまで蓄えてきたエネルギーを少しずつ切り崩しながら復活し、持ちこたえています。

第一段階では、集中力ややる気もさほど落ちません。**「一見、いい人」にイラッとさせられても、「まあ、いっか」と切り替えられるレベル。**相手のよい部分をしっかり感じられている状態です。

ときには、トラブルが起こってもむしろ高揚感が高まり、「逆に元気になる」こともあります。

ただし、回復しきらなかった疲労は、少しずつ蓄積していき、あるとき急に体調を崩すこともあります。

また、年齢とともに睡眠が浅くなるため、回復力は徐々に衰えていきます。

《体調に変化が起こりはじめる「第二段階」》

第二段階

疲労　疲労を二倍感じやすく、回復にも二倍の時間が必要になる

「一見、いい人」には　言動がやたらと気になり、気持ちもざわつく

第一段階の疲労を回復しきらないままにしていると、第二段階に突入します。

第二段階では、**第一段階のときと同じトラブルが起こっても、いつもの二倍疲労を感じやすく、疲労回復にもいつもの二倍、時間がかかるようになる**という特徴があるため、私は第二段階のことを「二倍モード」と呼んでいます。

特定のストレスに常にさらされているあなたは、おそらく二倍モードに突入していると言っていいでしょう。

ここで知っておきたいのは、第二段階では**「体の不調」が現れはじめる**ということ。理性よりも、「本能的な自分」が異変を訴えるために、無意識のうちに少しずつ身体に変化が起こるのです。

特定のストレスを感知したとき、人は段階的にブレーキをかけて「ストレス対象から逃げろ」というメッセージを発してきます。

まず、動物と同じように、気配からなんとなく危険を感じます。「なんだかあの場に行きたくない」と、苦手な相手に会いそうなルートやタイミングを避けるようになります**（行動ブレーキ）**。

次に、相手に対して、なんとなく嫌なものを感知します。緊張も感じ、常に身構えた姿勢をとるようになるため、体がガチガチに。緊張による肩こりや頭痛なども起こりはじめます。

この「なんか嫌」という感覚によって、相手に会いたくなくなり、避けたくなります**（人間関係ブレーキ）**。

ただ、この段階はまだ無意識段階。なんとなく抱く違和感の原因が「相手」だとは、なかなか気づきません。

次に出てくるのが、意欲の低下、行動の変化になります。

「仕事のやる気が起こらない」「なるべくあの場に行きたくない」というような変化です**（活動ブレーキ）**。

ただ、ここもまだ無意識段階なので、本人は「なんでそんなに疲れることもしてないのに、やる気が出なくなってしまったのだろう」と考えてしまいます。

それでもストレス源から離れずにいると、体は本気でブレーキをかけてきます。このとき、頭痛や胃痛、疲労感や吐き気、不眠などの明らかな不調症状が現れます**（体ブレーキ）**。

それまでは、理性が「大丈夫、悪い人ではないんじゃないの？」「そのぐらいのことなら、我慢したほうがいいんじゃない？」と説き伏せていたものの、感情が

ストレスによってかかる六段階のブレーキ

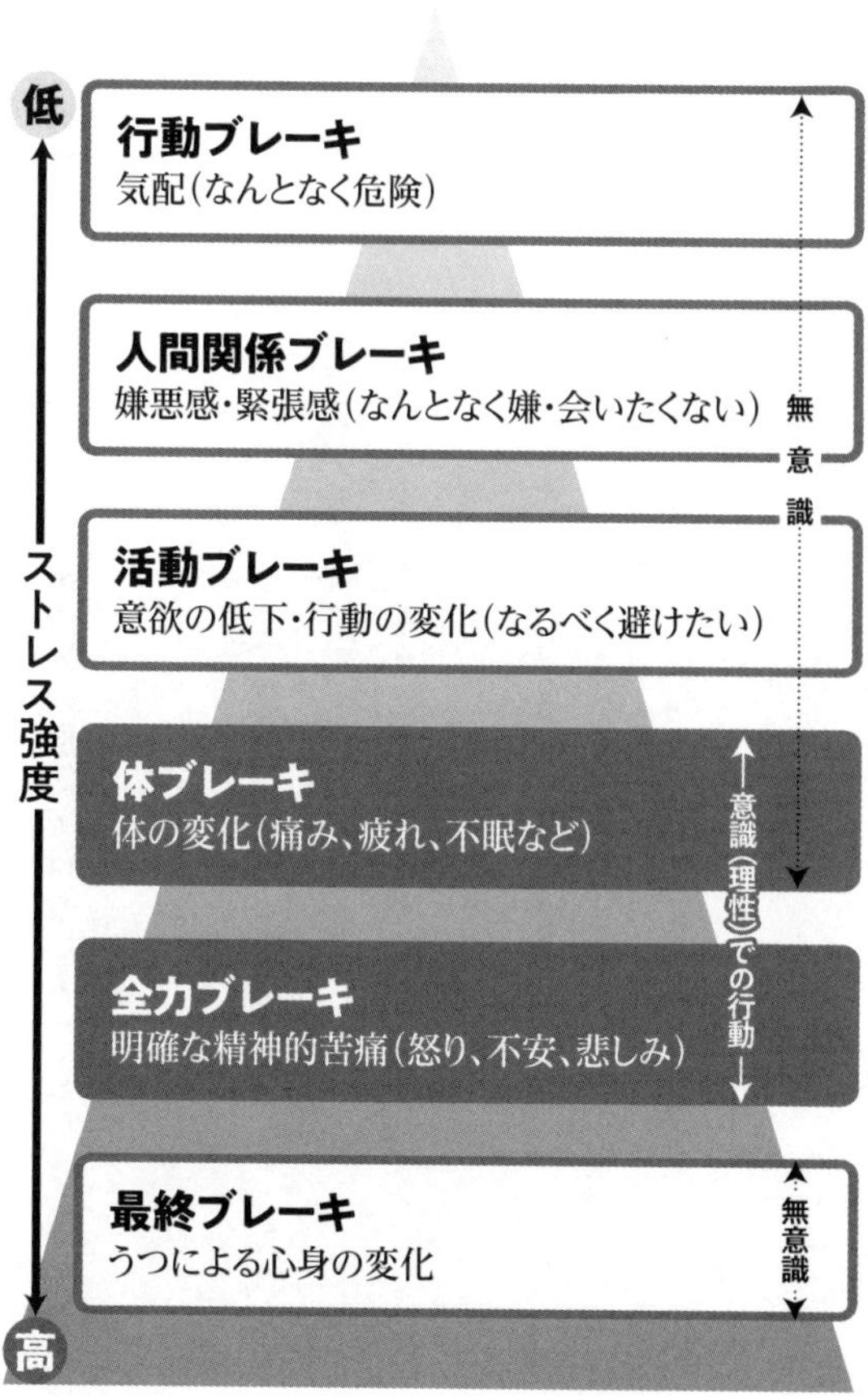

「もう我慢できない！」とばかりにブレーキをかけてくるのがこの段階。
理性も**「あれ、これはおかしい。あの人が原因ではないか」**と、ようやく考えるようになるのです。

それでもがんばりつづけようとすると、怒り、不安、悲しみ、といった明らかな精神的苦痛を感じます**（全力ブレーキ）**。
このあたりで多くの人は、ストレス源から離れる対処をとれるはず。

ただし、それでもがんばりつづける人がなかにはいます。
理性側の指令を弱めることなく「でも、がんばらなきゃ」とその場で苦しみつづけると、次第にうつ状態になっていくのです**（最終ブレーキ）**。

第二段階は、83ページの図「ストレスによってかかる六段階のブレーキ」のちょうど**「活動ブレーキ」「体ブレーキ」**が踏み込まれているあたりに位置します。

身体では、頭が痛い、頭が重い、眼や肩、腰が痛くなる、吐き気や関節痛、めまいや耳鳴りがする、耳が詰まったような感じになる、眠りが浅くなるといった症状が出てきます。

ただし、体の不調は「今すぐ病院へ！」というほどの緊急性はなく、なんとかがんばれば仕事もできてしまうため、「たぶん、ストレスのせいだ。仕事が一段落してから受診しよう」と放置してしまいがちです。

仕事面では、確認もれや連絡もれなど、多少のミスが出はじめますが、決定的な失敗はありません。

表面的にはいつもどおり活動できているために、本人はこの疲労の蓄積がじわじわと進行していることに気づきません。

第二段階の疲れになると、それだけエネルギーが減っているので、人間関係にもしわ寄せがきます。

「一見、いい人」との関係においても変化が表れ、些細なことでキレるようになったり、その後の罪悪感も大きくなったりします。

ここまで読んで「以前に比べて、このような傾向が強くなった」と気づいたなら、第二段階に入っている証拠です。本来は、**この時点こそ、しっかりと心身のケアに注力するべきタイミング**なのです。

周囲は「なにかおかしい」と感じ、本人に「無理しているんじゃない？」と聞くことも。

しかし、当人は「そんなことはない！」と頑《かたく》なに否定することが多い。「疲れている」という言葉を「パフォーマンスが落ちている」と解釈し、プライドが傷ついたように感じる。

これも、第二段階の特徴です。

おそらく第一段階のときであれば「そうかな。最近忙しいからね。こまめに休むことにするね、ありがとう」と言えることでも、本人は認めたがらない。

第二段階に入り、頑固さが強くなった証です。

《別人のようになってしまう「第三段階」》

第三段階

疲労 疲労を三倍感じやすく、回復にも三倍の時間が必要になる

「一見、いい人」には 相手ではなく自分を責めるようになる

第二段階の疲労を見逃してしまい、そのまま疲れを蓄積して第三段階に進むと、いよいよ心身に疲労の影響が色濃く表れてきます。

第三段階では、特に心の変化が大きくなります。「感じ方」「考え方」が、いつもとは明らかに変わってくるのです。

「元気なときには、こんなふうに思わなかったのに」と不思議に思うくらい、些細なことでイラッとするように。その人らしさがなくなり、まるで別人のようになるので、私は**「別人化」**と呼んでいます。

不安も強くなり、うまくコミュニケーションがとれない自分を責めるようになります。視野もとても狭くなるため、あらゆることを**「うまくいかないのは自分がダメだから」**と結論づけてしまいます。

苦しさから一瞬でも救われようとして、アルコールやギャンブルにのめり込む人もいます。

別人化がさらに深刻化すると「死にたくなる」気持ちが表れることも。人間は基本的に「生きたい」という欲求を持っているものですが、別人化すると「生きることなんてどうでもいい」と思い、「死にたい」と考えはじめるのです。

それにしても、どうしてこんな苦しい状態になるのでしょう。

本人にとってはただ苦しいだけのこの状態は、実は生体が生命を維持するための**「最終ブレーキ」**が働いていることを意味します。83ページの図でご紹介した「最終ブレーキ」です。

なんらかの生命の危険を感じた体は、まずあなたに不穏な雰囲気を感じさせ、次に人間関係でも嫌な感じを抱かせました。無意識のうちに、危険な環境や人から離れるように仕向けてきたのです（第一段階）。

それでも、あなたはストレス源から離れないので、体にも痛みや疲労感などの不調を発生させ、その刺激に近づかせないようにします（第二段階）。

それでもストレス源から離れないときは、いよいよ意識できるレベルの強い不安や嫌悪を感じさせ、必死にブレーキをかけてきます（全力ブレーキ）。

ところが現代人は、それでもやれ「責任だ」とかやれ「やりがいだ」とか、つらさから逃げてはならない……などと言って、結局、危険な刺激から離れようとしません。

そういうときに、**うつという「最終ブレーキ」がかかる**のです（第三段階）。

自信がなくなれば、人はその環境から離れます。

いつもの何倍もの疲労感があれば、どうがんばろうとしても、続けられなくなります。何事にもネガティブな発想しか持てなくなり、なにかをやろうとは思えなくなります。

このように、**本能は一時的に、強制的にうつの性格にする（別人化する）ことによって、なんとか刺激から離れさせようとしている**のです。

本人にとってはつらいことですが、もう背に腹は代えられない、という切羽詰まった状態にきているのだと本能が判断している、と理解してください。

快適な環境が整いすぎてしまった現代社会では、本当に自分が疲労して危険な状態に陥っているとは、気づかないことが多いのです。

すると、せっかくストレスから離れさせようとしている自分の体と心の動きを、「人並みの努力や我慢ができないダメなやつ」と考えてしまうようになります。そうして「もっとがんばらねば」とアクセルを踏みつづけてしまう。

さらに怖いのは、自分を表面的に「優秀で、声を荒げたりしない穏やかな人」というふうに演じるスキルが高い人や、もともとのエネルギー量が高い「若い人」の場合、第三段階になっても周囲にまったく気づかれないでいられることです。周囲に悟られたくないあまりに必死に隠そうとし、それができてしまうのです。

しかし、疲労はいつもの三倍感じます。**回復するにも、三倍の時間がかかります**（私はこれを「三倍モード」と呼んでいます）。

週末に寝だめしたとしても、べっとりとへばりついた疲労はとれません。

ましてや、本人は疲労を隠すために無理を重ねるので、疲労は深刻化する一方。

その結果、自殺（未遂）を起こす、ある日突然会社を辞める、人間関係を断ちきる、という極端な形で、重ねてきた疲労を一気に表面化させることがあります。

周囲は大変に驚きますが、これまでずっと抑え込んでいたストレスが一気に決壊した状態です。

本人は「私が全部悪いんです。ここにいたら迷惑をかけるだけです」と言いますが、**もはや思考力がなくなった状態なので「自分が悪い」と結論づけるほうがラクな状態になっています。**

周囲は「なんて無責任な」と思ったり、「考えるのを放棄している」と責めたりしますが、本人も自分を責めることに逃げ込むしかできない状態なのです。

誰もが、大なり小なり疲労をためている現代。**第二段階と第三段階の境目で苦しんでいる人がとても多い**、と私は実感しています。

「急に仕事の内容が変わった」「管理職になった」というときや、女性の場合、「産後すぐにワンオペ育児をすることになった」「子どもが不登校になった」「更年期と親の介護が重なった」というようなときにも、心身の疲労が重なり、このような状態になることが多いのです。

疲れは、進行するほどに「ストレス刺激の感受性」を高めていきます。

「一見、いい人」の隠れた「嫌な側面」を見つけても、第一段階ではなんとか耐えることができます。ところが、我慢を重ね、疲れが第二段階、第三段階に進むにつれ、次第に耐えられないレベルになっていきます。

「消耗苦」はこれほどまでに、あなたの「感じ方」を変えていくのです。

その②　絶えずあなたの不安をかき立てる「警戒苦」

「一見、いい人」への苦しみ、二つ目が「警戒苦」です。

エネルギーがどんどん減っていく「消耗苦」は、いろいろな感情を発動しやすくします。その結果、拡大するのがあなたの「警戒心」です。

警戒心とは、**「この人は怖い」という恐怖の感情**とも言えます。「安心してはいけない、この人はいつ自分を攻撃してくるかわからない」と絶えず警戒アンテナが立ち、「警戒苦」が起こります。

たとえば「一見、いい人」なのに、常に不満を抱えて陰でイライラしている人が職場にいたとします。こういう人は、本人も他の人も気がつかないうちに、周囲をすごく緊張させています。

なぜなら、イライラを隠していたとしても、表情や声などから、周囲の人は原始人モードで緊張（危険）を察知してしまうから。その人が攻撃をしてくるかもしれないし、他の人と争い事を始めるかもしれません。流れ弾が飛んでくるかもしれない、と不安になります。

いずれにしても、イライラしている人のことを**「その人の周りにいるのは危険だ」と、私たちは原始人的に感じ取っています。**実際、オフィスでなんとなくイライラしている人がいたり、どこかとげのある発言をしている人がいたりしたら、周囲は「?」と引っかかるでしょう。

でも、ちょっと待って。

「一見、いい人」は表面的には怒りっぽくもないし、声を荒げたりはしないから、やっぱり気づくのは難しいのでは……。

そうなのです。ここに「一見、いい人」の複雑さがあるのです。

「一見、いい人」は初対面の印象がいい

「一見、いい人」と一緒に仕事をしたり、付き合ったりするうちに、あなたの警戒心が高まるのは、**あなたが「エネルギーの消耗」の危険を感知するから**です。

いつもは穏やかな上司が、あるとき突然キレた。キレられたあなたは、次も同じことが起こるかもしれないので、常に警戒するようになります。

悪い人ではないけれど、別の部署の仕事を自分ではやらないのに引き受けて、あなたに渡してくる上司。「頼りにしているよ!」と言うけれど、この人と組むと、いつも仕事量が増える気がする先輩……。これらの人もまた、あなたにとって直接「疲労を増やす人」なので、本能は勝手に警戒します。

仕事の方針を示してくれず、「まあ、みんなでよく話し合ってやってよ」という

ふうに丸投げしてくる上司。直接、嫌なことをされたわけではないけれど、後でなにかトラブルが起こっても責任を取ってくれそうにない上司……。明らかにあなたを疲れさせる人がいます。こういう人たちもまた、本能が危険を察知するため、警戒心が高まります。

そして「一見、いい人」は、コミュニケーション能力が高いので**「初対面で関係を築く」ことがうまい**のが特徴です。

すぐに仲よくなれたことがうれしく、こちらはつい相手に心を開きすぎてしまう。前の会社でトラブルを起こしてしまったこと、いじめにあったこと、実は同じ部署のあの人が嫌いであること……気を許してたくさん話してしまったものの、「顔の広いあの人は、もしかしたら私の秘密を言いふらすかもしれない」と、後から警戒心が高まることもあります。

けれども、相手はあなたに好意を持っているように感じるし、そこは悪い気もしない……。この葛藤で悩みます。

私がよく言うのは、**「あなたを守ろうとして、あるいは仲よくなりたいと思って近づいてくる人は、ストーブだと思いましょう」**ということです。

たしかに、寒い夜にストーブはなくてはならない存在です。けれども、このストーブに足が生えていて、あなたを温めようとすぐそばに近寄ってきたらどうでしょう。「熱い！」と感じますよね。

やけどをしないためにできることは、とても簡単。

すみやかに、**「適切な距離を取る」**ことです。

「一見、いい人」との見えない利害の対立

「一見、いい人」とトラブルが起こるとき、両者の見えない利害関係が対立していることがよくあります。

お互いに悪気はなく、それぞれが社会でなんとか生きていくためのスキルを高め

てきた。しかし、そのスキルがAさんにとっては「ラクになれる」ものでも、Bさんにとっては「苦しいもの」になることがあります。

たとえば、こんな状況です。

Aさんは、かつてヘビースモーカーだった。これまで禁煙しようとしては、繰り返し失敗してきました。「みんなに迷惑をかけないようにするには、どうすればいいか」と悩み、今は電子たばこを吸うようになった。でも、電子たばこの煙にも有害な物質は含まれていて、それをそばで吸いつづけているBさんがいます——。

Bさんとはつまり、あなたのことです。

Aさんとは、あなたに仕事を回してくる上司、教えたがりの上司、丸投げする上司、相談に乗るよと近づいてくる同僚のこと。

ただ、どちらも、それぞれがなるべくエネルギーを消費せずに自分の立ち位置を確立できるよう、生きるためのスキルを磨いて生きています。

そんなAさんを「変えたい」とあがいても難しい。Aさんは、これまでの人生のなかで培った「生き方」で生きているのかもしれないのですから。

「変わってください」と言っても「は?」と言われるだけでしょう。

変えられるもの、変えられないもの

私が座右の銘にしているものに、神学者ニーバーの「ニーバーの祈り」という言葉があります。

神よ、私たちに変えられるものを変える勇気と、
変えられないものを受け入れる冷静さと、
その二つを見極める智恵を与えたまえ。

人は、思うようにいかないときに「相手のせいだ」と思い、相手の態度を変えたくなります。

「どうすれば、相手は自分の思うようになるのか」と、あれこれ工夫してみても、いっこうに変わろうとしない相手に怒りをためる。あるいは、「もう我慢をするしかない」と結論を出して、自分のつらい気持ちを無視しようとする。

結果、どちらの方法でも、エネルギーを無駄に消耗してしまいます。

そこで大切なのは**「変えられるものを変え、変えられないものを受け入れる」**こと。これができたら、人と付き合うときの視点は大きく変わり、ラクになれます。

それでは、変えられるものと変えられないものを見極めるためには、どうすればよいのでしょうか。

そこでヒントになるのが、人間がなにを目標にして日々、生きているのかを知ることです。これから紹介するのは、人が動物として持っている基本特性、つまり「変えられないもの」についてです。

人の「本能的な目標」とは？

ここでお話ししたいのは、原始人時代から人間は本能的に**「生存」「安全」「生殖」**という三つの基本の目標を目指して生きている、という仕組みがあること。

【三つの本能的な目標】

1 生存 …… 食べられる、すみかがある、着るものがある
2 安全 …… 自分を攻撃する外敵がいない
3 生殖 …… 子孫を残す

さらに、この三つの本能的な目標をよりよく達成するために、人間が行動する指針としてきた中間的な目標のことを、私は「四つの中間目標」と名づけています。

【四つの中間目標】

1 できるようになりたい
2 一番になりたい
3 仲間に助けてもらいたい
4 愛されたい

過酷な環境下で飢えや寒さに直面し生活していた原始人は、狩りや釣り、料理や衣服作りなど、なにかに秀でることが自分や仲間の命をつなぐ重要な要素でした**（できるようになりたい）**。

また、その能力が集団のなかで一番であれば、仲間としてより尊重されることができました**（一番になりたい）**。

外敵の襲撃に備え、自分が弱ったときに助けてもらうためには、仲間が必要です**（仲間に助けてもらいたい）**。

子孫を残すには、異性に愛されなければなりません（**愛されたい**）。

現代でも、この四つがうまくいかないときに、人間はとても悩んでしまいます。悩むのはつらいので、それぞれが自分の適性に応じた工夫をして、四つの中間目標を達成しようとする。その過程で、人それぞれのキャラクター、つまり「その人らしさ」は作られていくのでしょう。

さて、この四つの中間目標の視点から考えると、「一見、いい人」の言動が読みやすくなります。

「一見、いい人」の言動は、変えられない

たとえば「一見、いい人」は、なぜかあなたを支配してきます。しかも悪意はないようです。だから、あなたは困惑してしまいます。

なぜ、「一見、いい人」はそうするのか。

「一見、いい人」が、たまたま疲れていたとしましょう。

エネルギーが低下しているので、本当は自分のペースでいろいろなことをやるほうがラク。それが本来、最もエネルギーを浪費しないやり方です。

しかし、チームでなにかをしなければいけない、他の人のペースに合わせなければならない。そうすれば、どうしてもエネルギーをさらに消耗することになります。

このとき、一番いいのが、**誰かを支配すること**です。

つまり「一番になりたい」目標です。

「私の後についてこい！」と相手を支配したほうが、自分のペースで動けるからラクになります。だから、強さを主張してマウンティングしたくなる。

一方、自分の弱さを主張すれば、相手に助けてもらえる確率が高くなる場合もあります。これは、「仲間に助けてもらいたい」という中間目標を叶えるための行動とも言えます。

このような、四つの中間目標につながる「一見、いい人」の言動は、人間が動物の特性として持っているものなので、変えることができないのです。

あなたの「警戒苦」の正体

前々項で挙げた四つの中間目標は、「一見、いい人」の言動を読むためだけでなく、あなた自身の「急所」を見つける手立てともなります。

あなたにとっての「一見、いい人」は、あなたの、

1　できるようになりたい
2　一番になりたい
3　仲間に助けてもらいたい
4　愛されたい

のどれかを刺激してくる人ではないでしょうか。

能力を高めたいと思うあなたにとって、挑戦しがいのある仕事は魅力的。困難な仕事でもやってみたい、投げ出したくない、と思うはずです（**できるようになりたい**）。

気まぐれな上司に振り回されて疲れるけれど、評価もされたい。そうすれば、次の異動の時期にはチームリーダーになれるかもしれないから（**一番になりたい**）。

他の人に言いふらされるかも、と思いながらも頼りにしてしまい、内緒の話をついしてしまう同僚は、あなたの心の支えになってくれている部分もあります（**仲間に助けてもらいたい**）。

優しくされたかと思えば、冷たくされたりする。でも、この弱い人を守ってあげなくては、と〝ダメンズ〟ばかりに惹かれるあなたは、相手からの愛情を失うのが怖い状態にあるのかもしれません（**愛されたい**）。

人にはそれぞれ、異なる急所があります。傷ついてしまうポイントもそれぞれ違います。

自分はどこを責められているから苦しいのか、離れられないのか。

そのポイントを見つめ直してみると、あなたの「警戒苦」の正体が見えてくるかもしれません。

「相手のどんなところが嫌だと感じているのか」「相手がどのような言動をしたときに苦しくなるのか」を考えてみましょう。

✔「一見、いい人」のどんなところが嫌？　どんな気持ちになる？

【例】

責任を取らない／自由を奪われている気がする／「自分はできないやつ」というふうに思わされる／お返しや善意を期待されている／やたらと距離を縮めてくる

その③　自分を悪者にする「自己嫌悪苦」

「一見、いい人」への苦しみ、三つ目が「自己嫌悪苦」です。

疲れやストレスでエネルギーが失われる「消耗苦」が、いろいろな感情を刺激して「警戒苦」を高めたように、「自己嫌悪苦」も前の二つ（「消耗苦」「警戒苦」）と関係しています。

エネルギーを消耗し、身を守ろうと警戒し、それでも状況が変わらないと「一見、いい人」へのイライラがさらに高まってくる。同時に、**自分を責めるモードも強まってくる。**これが、「自己嫌悪苦」です。

「自己嫌悪苦」にも、「一見、いい人」ならではの難しさが隠れています。

相手があからさまに「悪い人」なら、周囲に愚痴も言いやすいし、離れるという対処もとりやすく、あなたのつらさを理解してくれる人もすぐに現れるもの。

しかし、「一見、いい人」の場合、このような対処がとりにくいために、**「いい人にイライラする自分がダメなのでは」**と自分を嫌うようになるのです。

「一見、いい人」と自分を比較して、「この人の、こういういい部分と比べて、私は……」という思考を繰り返していると、やがて、

「相手は正しいことをしているのに」

「相手は私をいじめたわけでもないのに」

「相手は私にがんばりを期待してくれているのに」


と、「自分のできていない部分」が浮きあがって見えてきます。

誰もなにも言っていないのに「きっと、私は今後、こんなふうに責められるに違いない」というプレッシャーすら感じるようになります。

すべて自分の頭のなかだけで考えていることなのですが、このような思考によっ

て「自己嫌悪苦」が強くなってしまうのです。

「一見、いい人」は「自責」を刺激してくる

105ページで「四つの中間目標」にもとづく、あなたの四つの急所を紹介しました。**「一見、いい人」は、その他に「自責」も刺激してくる**ことが多いのです。

自分を責める気持ちは、うつ状態のときに顕著に出てくるという特徴を持っています。自責感情は、実はカウンセラーにとって、扱いの難しい感情ランキング一位のものでもあります。

自責感情があるから、離れたほうがいい人から離れられなくなる、会社を辞められなくなる。「悪いのは自分だから、この場から降りたら、もっと相手を困らせて迷惑をかけてしまうのではないか」という思考回路になってしまうので、悩みの当事者であるクライアントは身動きがとれません。

ひと昔前の話ですが、いわゆる〝サラ金〟の取り立て方法には、こんな心理テクニックがあると聞いたことがあります。

本当の取り立てのプロは、映画で見るような「さっさと今すぐ払え！」という強い態度は決して取らないというのです。

むしろ、電話をかけてきて、優しい声で「払っていただけないと、担当者の僕はクビになってしまうんです」「子どもがいて、お金がかかるんです。人助けだと思って払ってもらえませんか」「少しの金額でもいいですから」と、こういったアプローチをするそうです。

この人を見捨てると後悔するのが怖い、耐えられない、という罪悪感を刺激してくる手法。このほうが、結果を得られやすいのです。

職場でも**「自分はこんなに大変！」**とアピールする人がいます。

さりげなく周囲の人に面倒な仕事を押しつけたりする。このような「一見、いい人」は、「大変さ」を武器にして、あなたの自責感を刺激しているのではないでしょうか。

それに気づかず、相手を気遣ってがんばりつづけ、さらには「イライラしていると相手に申し訳ない」と自分を責めるなんて、割に合わないと思いませんか？

自己嫌悪の原因は「こうあるべき」思考

そもそも、「自責」モードに陥りやすい性格というものもあります。

「自責」に大きく関わるのが、私たちが幼いころに親や先生から教えられてきた、**「こうあるべき」という心のあり方**です。

あなたはへこんだとき、次のように自分に言い聞かせてはいないでしょうか。

「くよくよしてはダメ」「こんなことで怒るなんてみっともない」「ネガティブに考えちゃダメ！」……というふうに。

我慢する、続ける、努力する、自分だけでやる、最後までやる。まとめれば「努力と我慢」がキーワードの精神理念です。大きくなって社会に出たとき、これらがしっかり身についていれば苦労はしない、と教えられた理想のあり方です。

子ども時代は、心も体も成長の真っ最中です。どんなこともがんばればできるようになるし、苦しくても我慢していればできるようになることが多いでしょう。

しかし、注意したいのは、その精神理念の裏に**「それでもできないのは、あなたの努力と我慢が足りないから」**というメッセージをはらんでいることです。

「一見、いい人」に悩むとき、自分の努力や我慢が足りないからだ、と自分を責めるのは、あなたがまだ「子どもの心の強さ」だけで乗りきろうとしているからかもしれません。

励ましや檄《げき》を飛ばすことは、へこんだ心を立て直すために、ある程度必要なやり方ではありますが、常にその対応しかできないと、肝心の「感情」は置き去りになってしまいます。せっかく発せられた感情からのSOS信号を無視していると、「自責」を深めていく大きな要因になってしまうのです。

「他人のことを優先しなさい」という誤解

もう一つ、「子どもの心の強さ」が発信している裏のメッセージがあります。

それは、「あなたの考えは間違い。正解は教科書や親、先生が知っている」というメッセージです。

集団生活を送る学校では、子どもは好き放題にすることは許されず、社会性を身につけるために、**さまざまな欲求や感情を我慢する練習**を繰り返します。特に日本においては、自分がどう振る舞うか、大人の顔色を見て「空気を読む」ことが求められます。

この環境に順応しすぎると、大人になっても「自分の感覚や発想はよくない。いらない。無視するべきもの」という、自己否定の芽が生まれやすくなります。

幼いころに「よい子でがんばり屋で、ほめられるのが大好きだった」人ほど、大人になってもそのやり方にこだわろうとします。

泣いていると「いつまでも泣かないの！」と言われ、ほめられて調子に乗っていると「ほめられなかった人のことを考えなさい」というふうに、感情を抑えるよう教えられてきませんでしたか。

「一見、いい人」の言動をよく見て、必死に配慮をして疲れて、疲れた自分の感情を抑え込んで、結局抑えきれない自分を強く責めている。

そして、どんどん自分のことが嫌いになっていく――。

一方で、他人は自由にやっているように見えて、そういう人を見るとわけもなく腹が立つ。その怒りを抑えている。

そんなあなたは、今まであなたを守ってくれた「子どもの心の強さ」を手放すときかもしれません。

キーワードは「柔軟さ」と「しなやかさ」

「努力と我慢」がキーワードの「子どもの心の強さ」が、あなたの「自責」を強めています。

一方で、私たちが身につけたい「大人の心の強さ」は、**「柔軟さ」「しなやかさ」**がキーワードです。

常に自分の「感情」を信頼し、物事はいいも悪いもなく、バランスや程度が肝心だ、ということを知っている。

つまり、「自分軸」がある。

我慢するだけではダメなときもあるし、あきらめが必要なときもある。努力するだけでは叶わないことがあることも、これまでのたくさんの経験から知っているのが大人です。

目指すべきは、「大人の心の強さ」

子どもの心の強さ		大人の心の強さ
完璧にやる	⇔	まず動いてみてから、考えながらやってみよう。
全部やる	⇔	ポイントを見極め、不要な部分は切り捨てよう。
全力でやる	⇔	ただ一生懸命やればいいものでもない。肩の力を抜いたほうがうまくいくこともある。
成長する	⇔	人が成長するには時間がかかる。ある地点まできたら、それ以上成長しない部分もある。
一人でやる	⇔	必要に応じて周囲の力を借りよう。他人と支え合ったほうが、より大きな仕事ができることもある。
最後までやる	⇔	状況に応じてやり方を変え、あきらめる勇気を持つ。
逃げない	⇔	自分の実力と課題の困難さを分析し、上手にトラブルを避けること、助けを求めることが大切だ。

大人になってから遭遇する出来事やトラブルは、いろいろな要素が絡み合い、複雑になっています。「子どもの心の強さ」は、ここ一番でぐっとがんばるときには役立ちますが、大人になってからの環境では、むしろ心の柔軟さが事態を好転させることが多い、と私は実感しています。

今、あなたが「一見、いい人」という複雑な人間関係にさらされているということは、**「もしかしたら『大人の心の強さ』を蓄えるチャンスなのかも」**と受け止めてみてもいい。

厳しい状況をがんばって乗り越えようとするのではなく、その経験から生き方を学んで糧にする力（レジリエンス）を身につけられるのが大人です。

次の章からは、いろいろなタイプの「一見、いい人」に私たちはどう向き合っていけばいいのか、どう距離を置けばいいのかについて具体的に見ていきましょう。

第4章

「一見、いい人」から身を守れ！パターン別12の処方箋

パターン別「一見、いい人」に負けない処方箋の使い方

あなたは「一見、いい人」に消耗苦・警戒苦・自己嫌悪苦のうち、どの「苦しみスイッチ」を押されてきたのでしょう。

その仕組みがわかれば、相手からうまく距離を取ったり、「危ない」と思ったときに素早く逃げたりすることができるようになります。

第4章では、12パターンの「一見、いい人」を紹介します。

パターンごとに、

●苦しみの原因（消耗苦・警戒苦・自己嫌悪苦のうちのいずれか）
●危険度（★★★★★が最も危険）
●とるべき手段

●殺し文句（自分への殺し文句）

を解説し、提案していきます。

あなたが困っている「あの人」はどのパターンの人物像に近いでしょうか。

もしかしたら、複数のパターンをあわせ持っている場合もあるかもしれません。

これまで、「変わらない相手」に自分を無理に合わせようとしたり、相手の態度に疑問を抱いても我慢したりしていたあなたは、勇気を出して「殺し文句」を発してみましょう。

気持ちが軽くなるかもしれません。

相手のことが気にならなくなってくるかもしれません。

それが、この処方箋の目的とするところです。

もちろん、一回だけ、なんらかの対策をとってみたり殺し文句を言ってみたりしたところで、相手との関係が一〇〇％解決するわけではありません。

これまで長く我慢してきた人ほど、「早く結果を出したい」と焦りが生じるかもしれませんが、そういう方には私は「四〇回、四〇〇回の原則」というものをお伝えしています。

自分の心の習慣を変えるためのワークは、四〇回続ければ、必ずなんらかの効果を得ることができます。さらに、四〇〇回続ければ、「体が覚えていて自動的にできる」レベルにまで達することができる。これは私がクライアントと接してきた経験から導いた数字です。

ただ「こうしたい」と願うだけでは変わりません。

試行錯誤しながら何度も実践練習を重ねることで、少しずつ、でも確実に相手との関係を変えていくことができます。

パターン1

「これ、見つけたの。食べてみて！」やたらとモノをくれる「あげたがり友人」

●苦しみの原因＝警戒苦　自己嫌悪苦
●危険度★

▼「一見、いい人」事件簿

お菓子、本、旅先で買った雑貨など、会うたびにやたらとモノをくれる友達。センスは悪くないけれど、特に好きでもないモノも多く……。ときどき高価なものもあったりして、もらいっぱなしも気まずく思います。会うことになるたびに、「私もなにか持っていったほうがいいのかな」「お返しをしなくては」と、プレッシャーに。

もしかして、なにかを期待されているのか、だとしたらなんなのか、と思いはじめると、なんだか顔を合わせるのが憂うつになります。

▼なぜか相手を警戒するようになる

モノをもらうと、お返しをしなくてはいけないのではないかと考える。

「今日もなにか相手が持ってくるのでは」と警戒すると、モノをいただくという本来は喜ばしいことも、憂うつになるものですよね。

さらに、好意でプレゼントしてくれる人を疎ましく思う自分を「自己嫌悪」してしまうようになります。

ここまでお話ししてきたように、なんとなく相手を警戒したり、「モノをくれることを迷惑がるなんて、私ってひどい」と自己嫌悪したりしていると、あなたのエネルギーは少しずつ消費されていきます。

ただし、いつもストレスを感じているわけではなく、その人と会う前後にだけ感じるストレスですので、危険度は★としました。

▼とるべき手段

気にしすぎてしまう思考を止めるために、**まずは、冷静に「事態の見極め」をしてみましょう。**

相手は、どうしてあなたにモノをあげたいと思うのでしょうか。

「仲よくなりたい」「喜んでもらいたい」というだけで、経済的にも余裕があり、それほどこちらになにかを期待しているわけでもないのではないか、という見極めができれば、素直に「ありがとう」と受け取っていいと思いますよ。

私の場合、いただけるものは、ありがたくいただくことにしています。

なぜなら私は、基本的には性善説を選びたいと思っており、「なにかを私に渡したい」と思ってくれた気持ちに素直に感謝したいからです。

反対に「いりません」と断るとどうでしょう。

相手は好意を「拒絶された」という気持ちになり、**その結果、相手にダメージを与えてしまうことになる**と私は考えます。

あなたが受け取ることによって、相手の「あげたい」気持ちは満たされている。それに、相手と会ってあれこれ話をすることで十分、あなたも相手に「与えている」わけで、すでにギブ・アンド・テイクは成立しているのです。

ただし、注意しないといけないのは、欲しいものでもないいただきものを、社交辞令で大げさに喜ぶこと。

喜びを過剰に表現していませんか？

それが相手の「もっとあげたい」気持ちを加速させているのかもしれません。

また、そのお友達と付き合うなかで、あなたの好みを伝えたり、モノを増やしたくないという気持ちを伝えたりするやり方もあります。

雑貨屋などに立ち寄ったときに、「実はこういうものはあまり好きではなくて、こういうものや色が好きなんだ」とか、「今、断捨離中なの。こういう雑貨、前なら部屋に飾りたかったんだけど、もう置くところがないわ～」などとアピールするのも、賢い手段の一つです。

どうしても受け取りたくないものの場合、誰か別人格の人をモデルにして「この人だったらどう言うだろう」とイメージする方法もあります。

ため口キャラで無邪気なイメージのタレントさんがもらったら？

「いらな～い！」と明るく言うかもしれません。

このように自分以外のキャラクターを当てはめてみると、断り方のイメージが広がります。

殺し文句　「今、断捨離中なの」

パターン2

「あなたのことが心配だから」勝手に尽くしてくる「おせっかいおばさん」

●苦しみの原因＝警戒苦　自己嫌悪苦
●危険度　★★

▼「一見、いい人」事件簿

一人暮らしをしているのですが、定年間近で独身のおばは、予告もなく「今日、家に行っていい？」と泊まりにきます。

とにかく尽くすタイプで、好きなブランドのものを買ってきてくれたり、料理をたくさん作ってくれたり、「疲れている○○ちゃんが心配だから、体にいいと思って」と健康食品を買ってきたり……。「また次も来るから」と自分用のパジャマや歯ブラシ、トリートメントを置いていくのも困ります。

何度か冷たい態度を取ってみると、直後は遠慮してくれるのですが、しばらくすると何事もなかったかのように、またやって来ます。

おばは独身なので、一人暮らしが寂しいのかもしれません。

また、親類なのではっきりと拒否しにくいのですが、今こうやって私に尽くすことで「自分の老後、なにかあったら面倒を見て」という密かな狙いがあるのでは、と考えると、まだなにかが起こったわけでもないのに縛りつけられたような気持ちになります。

最近は、電話の着信があるだけで、心がざわざわします。

▼親族だろうと、距離が近すぎたら「やけど」する

よかれと思ってやってくれることが、いちいち「重い」と感じるのは、相手の

「老後の面倒を見てほしい」という〝狙い〟がどうしても気にかかるから。

親子、夫婦、親族などは、心配な相手がいれば近寄ってくれるもの。しかし、ほのかに温かなストーブはありがたいけれど、ストーブが近づきすぎると熱くてやけどをしてしまいます。

本来、あなたがすべきことは、相手から距離を取ることです。

しかし、親族だし、相手の寂しさもわかるだけに、なかなか距離も取りづらい。冷たくする自分に「自己嫌悪」を感じるのも苦しい。

ただ、携帯の着信があるたびにストレスを感じるということは、警戒アンテナがすでに立っているということ。

この先、事態が変わらなければ、あなたのエネルギーの消耗はますます加速する可能性が高いでしょう。

▼とるべき手段

もしもこのテーマで、私がクライアントから相談を受けたとしたら**「問題構造は、**

はっきりさせていますか？」とお話しします。

「いずれ自分の面倒を見てよ」と言われているような気がする。「気がする」ということは、あくまでもあなたの想像であるわけです。

このような想像をしているかぎり、あなたは「警戒苦」を感じつづけます。

相手の本当の〝狙い〟を警戒してエネルギーを消耗していることこそが、あなたが解決すべき喫緊の課題なのです。

勇気を出して、**あなたが今「最も聞きにくい」と思っていることを聞いてみましょう。**

「老後の計画、どんなふうに考えてる？」

もしかしたら、おばさんはちゃんと自分の老後のために貯金をしているかもしれません。

また、もし本当に介護を期待しているのならば、できる、できないも含めて、親族にも相談しながら、「今後、具体的に話す場を設ける」というプロセスに進む道もあります。

あなたとおばさんはまったく異なる人生を歩んでいます。**問題を「見える化」させたほうが、少なくとも「もしかしたら」という想像でじわじわ消耗するよりも、事態は前に進むのです。**

相手がよかれと思っているとはいえ、あなた自身が束縛を感じているのであれば、その感覚をきちんと認めましょう。

「最近、疲れているから一人の時間を大切にしたいんだ」と、泊まりにくることやしょっちゅう連絡されることが負担であることを、しっかり伝えたいですね。

殺し文句　「老後の計画、どんなふうに考えてる？」

パターン3

「君に任せるよ～」任せっぱなしで責任は取らない「大迷惑上司」

●苦しみの原因＝消耗苦　警戒苦
●危険度　★★★

▼「一見、いい人」事件簿

人当たりがよく穏やかで、職場ではみんなに「いい人」と評判の直属の上司。趣味も幅広く、雑談レベルでは、こちらも楽しいんです。

でも、その正体は、大迷惑上司……。

会議などで「なんでもいいよ～」「○○ちゃん（私）に任せるよ～」と言うので、

せめて方向性を示してほしい、とお願いしても反応ゼロ。なのに、がんばってまとめた資料を提出すると「う～ん。これじゃないんだよね」と突き返してきます。先日、取引先とトラブルが起こったときには「全部任せていたから、自分は把握していなくて……」と責任転嫁されました！

見た目はスマートで人当たりもいいので、社内での評判は上々。だから、悪口を言いたくても言う相手がいないのです。「デキる部下を持って幸せです」などと取引先で歯が浮くようなセリフを言われると、怒りでワナワナします。

▼任せるだけの「一見、いい上司」はたくさんいる

まさに「一見、いい人」ですね。

方向性も示されないままで、がんばって仕上げたものが「やり直し」になれば、あなたの作業量が増えてエネルギーは消耗します。

「次も同じようにやり直しになるのでは」「また責任転嫁されるのではないか」と、常に不安で警戒するようにもなり、その上司の顔を見るだけでイライラするように

なっています。

これは明らかに、エネルギーの消耗が増している状態。あなたの疲れのレベルは第二段階になっているのではないでしょうか。

このような上司、実はたくさんいます。

本当にいい上司というのは、部下の責任を取る人。「任せるよ」と言う上司は、一見するといい上司のようですが、実際は責任を放棄しており、リーダーとしての役割を果たしていないので、たちが悪いのです。

「任せるよ」と言われると、能力を評価され、信頼されているように思えて最初はうれしいものです。しかし、トラブルが起こったときにこそ、相手の正体が見えてきます。責任転嫁をされることで、「いい人」ではなく「ヒドい人」だったことが判明するケースですね。

▼とるべき手段

上司という立場も、あれこれ疲れるものです。自らのエネルギー消耗を避けるには、誰かに頼ることが必要。あなたのようにデキる部下がいれば頼りたい、という気持ちが湧くのも無理はありません。

しかし、上司がどう思っていようと、中途半端な態度に振り回されてエネルギーを奪われ、迷惑をこうむっているのはあなたです。

そこが問題の根本であり、解決の糸口にもなります。

とにかく、今後あなたのエネルギー消費量がなるべく減るように自衛策をとることが重要です。

その自衛策とは、精神的なものではなく、現実的な手順です。

後になってから「任せていたのに」「知らなかった」と言われないために、課題の進行スタート時から、すべてメールで残します。

ポイントは、**上司よりも立場が上の上司を含め、チームの全員にCCメールをすること。**

あるいは、**自分以外にもスタッフがいる場で報告すること。**

一対一ではなく、証人を得るつもりで、意思決定や互いの判断の痕跡を残しましょう。

すると、後で「聞いてなかった」と言われても、メールの文面で証拠を残していたり、相談や報告時の場に他にも誰かいたりすれば**「あのとき、なにも指示はありませんでしたよね？」**と答えられるでしょう。

たとえ面倒でも、あなたが自分の身を守るために、上司がやるべき方針を出して最終決断をしなければいけなくなるように、こちらから演出をするのです。

殺し文句　「メールでもお送りしました！」

パターン4

「あれ、最高だよね！」テンションが高すぎて疲れる「キラキラ同僚」

●苦しみの原因＝自己嫌悪苦
●危険度★

▼「一見、いい人」事件簿

同僚は、明るくて朗《ほが》らかないい子。

仕事ぶりも問題ないのですが、やたらとテンションが高くて気に障るときがあります。

私が普通に仕事しているだけでも、顔をのぞき込んで「どうしたの？　もしかして、疲れている？」と言ってきたり、「昨日行ったライブが最高で！」と子犬がキャンキャン吠《ほ》えるみたいに話してきたりして、なんだか疲れてしまいます。いい子なだけに、オーバーアクションの仕草や声にいちいち反応し、イラついてしまう自分が情けないです。

▼職場の「うるさい人」がストレスに

たしかに、ちょっとうるさそうですね（笑）。

同僚の声が「騒音」に聞こえるとしたら、やはりそれはストレスです。疲れているときほどそのハイテンションな声が気に障るでしょう。

しかも、イラつくたびに、「いい子なのに、イライラする自分が情けない」と、自己嫌悪のスイッチを押しつづけてしまうのですね。

▼とるべき手段

このようなケースでは、**「もしも相手が職場にいなかったら」**と視点を変えてみる方法がおすすめです。

現在はその同僚が、職場の雰囲気を明るくするという機能を果たしている。だから、あなたもマイペースで、自分らしくいられるところがある。

しかし彼女がいないと、あなたが代わりに無理をして、「場の盛りあげ役」を背負わなければいけないかもしれない。

そう思うと、彼女が他の人からの緩衝材《かんしょう》になってくれている、という見方もできるかもしれません。


そもそも、**人は疲れてくると、相手を「大好き」か「大嫌い」かで二分化したくなるもの**です。しかし、あなたもわかっているとおり、彼女にも「いいところ」はたくさんあります。

とはいえ、一方で、あなたの価値観で一〇〇%の「いい人イメージ」を作りあげていると、そのイメージに沿わないような、ちょっと嫌なところを発見したときに「やっぱり大嫌い」と判断してしまうことになります。

このように物事のとらえ方を見直すのと同時に大切なことは、**あなたの疲労をケアすること**です。

その方法は、第5章で説明します。

ハイテンションすぎるけれど、実際に自分に危害を加えるようなタイプではない、とわかれば「ちょっと〜、うるさいよ〜」などと冗談めかして、接することができるようになるかもしれません。

殺し文句　「声が大きいよ。落ち着いて（笑）」

パターン5

「ねえ、あの人ひどいんだよ……」人の悪口ばかり言ってくる「ディスりさん」

●苦しみの原因＝警戒苦　自己嫌悪苦
●危険度　★★

▼「一見、いい人」事件簿

ＰＴＡ仲間で、同じマンションに住むAさん。とても明るく友人も多いので、情報通でもあります。困ったときに頼りになる、いい友人ができたと思っていました。

しかし、よく帰り道が同じになるのですが、話題はいつも誰かの悪口。

無難に曖昧《あいまい》な反応をしていると「自分の意見に共感してほしい」とばかりに、

もっと強い口調でその人のことを批判してきます。日替わりで誰かの悪い噂話を仕入れてきては、べらべら話すので、なんだか嫌な気持ちになります。

▼自分の悪口も言われているんじゃないか、という不安

誰かの悪口を聞くたびに、あなたは「私のこともどこかで悪く言っているのではないか？」と警戒するでしょう。また、「同意すると自分もその悪口に加担することになって、この人と同類になってしまう」と、自己嫌悪もしてしまう。

とはいえ、「人のことを悪く言わないほうがいい」などと正論を言っても通じる相手ではなさそうです。

場合によっては敵視され、次はあなたに攻撃が向く可能性も高い。

警戒苦と自己嫌悪苦から抜け出せない、しんどい状態ですね。

▼とるべき手段

相づちを打つのもＮＯと言うのも難しい、けれども敵に回したくない。そもそも

本気で戦う相手でもなさそうだし、深く仲よくなる必要もない。

このような場合は**「曖昧な返事をしつづける」**というやり方が有効です。

「ああ、そうなんですか」「へえ、それは知らなかったですね」「いや、私は気がつかなかったです」というふうに、否定も肯定もしないという態度を貫くのです。

「あなたの言っていることは否定していないけれども、私には私の感覚がある」と意思表明をし、相手との線引きをしましょう。

白黒つけない、非常にバランス感覚が必要な対応ですが、こういった対応ができることこそ「大人の心の強さ」と言えます。

「あなたと話してもつまらない」と、**やがて相手も自然と離れていく**でしょう。

殺し文句　「へえ、私は気がつかなかったです」

パターン6

「もう、本当に最悪なことがあって……」口を開けば愚痴ばかりの「グチグチさん」

●苦しみの原因＝消耗苦　警戒苦
●危険度　★★

▼「一見、いい人」事件簿

会社に同期入社した女友達。

趣味が合うのでSNSでもやり取りし、休日も遊んだりして一〇年近い付き合いに。明るい性格で仕事のスキルも高いので、上司や同僚からも好かれています。

でも、最近、私は困っています。

よくランチに誘われるのですが、話題のメインは常に「愚痴」でうんざり。「こんなに一生懸命やっているのに、上司が評価してくれない」とか「子どもが私の言うことを聞いてくれない」とかを、ここぞとばかりに事細かに延々と話しつづけます。

あれこれと私もアドバイスするのですが、そのアドバイスを生かしている様子もありません。

話を聞いてくれる相手として私を慕ってくれているようなのですが、本当に疲れます。この愚痴攻撃さえなければ特に嫌なところもないのですが、会った後はぐったりしてしまいます。

▼愚痴を聞くのが当たり前の関係になっている

おそらく、同期の「グチグチさん」は、あなたが「話を聞いてあげなくちゃ」という気持ちになってしまう、少し弱い雰囲気を身にまとっているのでしょう。

つい親身に相談に乗っているうちに、愚痴を聞くのが当たり前の関係になってきてしまった。しかし、一生懸命に話を聞くだけでも、エネルギーは消耗します。特に、「怒り」「不安」などの感情は、そばにいる人にも伝播《でんぱ》します。

なんとか解決できるようにとアドバイスをするけれども、効果もないようです。すると、一緒に知恵を絞ったということすらエネルギーの無駄遣いに思えて、グチグチさんと交流することを、警戒するようになっていくのですね。

▼とるべき手段

「グチグチさん」の目的はなんなのでしょう。

おそらく、「愚痴を聞いてもらうこと」で気が済んでおり、アドバイスは必要としていないかもしれません。人は誰かに話を聞いて、頷《うなず》いてもらうだけでも心が軽くなるものです。

今後は割りきって**「私は聞き流しの支援を続けている」**というスタンスをとってみてはどうでしょうか。

あなたが「聞き流す」だけで、すでに立派な支援となっている。そう思えば、どうすればその問題は解決するのか、と考えなくてよい分、エネルギーの無駄な損失を食い止められます。頷くだけでいいのです。

メールの場合も、**「読んだ」ことを伝えるだけの短いものでいい**のです。「大変だね～」「いつも応援しているからね」「とりあえず、明日もがんばろう」――この三パターンから選んで、軽いお返事をすればいいのです。

もちろん、疎遠になるプロセスを進めることも可能ですが、**関係を一気に断ちきると、自己嫌悪によって、あなたにとっては逆に負担となる**かもしれません。

関係を大きく変えるつもりがないのであれば、ランチに誘われたときに「さあ、今日も聞き流しの支援に行くか！」と、聞こえないところで、明るくつぶやいてみてもいいでしょう。あなたのテンションが「あっけらかん」だと、相手のグチグチオーラに引き込まれにくくなるはずです。

殺し文句　「うん、うん」（聞き流し支援）

パターン7

「大丈夫！　私も経験あるから！」がんばりを部下に押しつける「できすぎ上司」

●苦しみの原因＝消耗苦　警戒苦　自己嫌悪苦
●危険度　★★★

▼「一見、いい人」事件簿

優秀で、いつも丁寧な仕事をする、評判のいい女性課長がいます。その課長に憧れて異動を希望し、念願叶って直属の部下になれました。

他の部署にいるとまったくわからなかったのですが、実際に下で働いてみると、優秀だからこそ大変……。部下である私への要求レベルも高いのです。

課長は本当にとてもいい人で、くじけそうになると励ましてくれます。ただ、彼女が望むレベルの仕事が全然できていない自分が、つらくて情けない。

先日は本当にしんどくなって、「仕事がきつくて、生理が止まってしまいました」と言うと、「大丈夫、私も生理止まったことあるから」と、にっこりされただけ。

自分で課長の下で働くことを希望したのだから、逃げてはいけない、と思うのですが、いつか倒れてしまいそうです。

▼自分の過去を持ち出して、比較してくる

比較対象が優秀なほど、「越えなければ」と思うハードルが高くなり、相対的に自分がダメな人間のように思えてくる、という法則があります。

そんな上司は、あなたの消耗の原因にもなっているし、「次はどんなハードな課題が与えられるのか」と、警戒心も高まります。さらには「自分は上司の期待に応えられないダメなやつ」という自己嫌悪も刺激する人物です。

まさに本書がテーマとしている「一見、いい人」の典型的な例と言えるでしょう。

▼とるべき手段

あなたが今、倒れるかもしれない、という危機感まで抱いているということは、真剣に考えるべきタイミングだということ。

上司にこのままついていくのか、いかないのか、考えてみましょう。

優秀で、エネルギッシュな人のペースに合わせて一緒に走っていると、「今が大切！」「がんばりどきは、今なんだ」という思いにとらわれがちで、なかなか一人では結論を出せないものです。

カウンセラーのような第三者と話してみると、「今だけじゃなくて、あと五〇年、自分の人生は続いていくんだ」ということが素直に理解できたりします。

あなたのことをよく知っている友達が、今の状況を見たらどう言うでしょうか。

「この先五〇年あるのに、ここで体も心も壊してしまって、大切な自信も失って、どうするの？」「その課長さん、あなたが入院して会社辞めることになったら、面倒見てくれるの？」と言ってくれるかもしれません。

このように考えることで、少し離れた視点から自分を見つめることができます。溺れている人は、近くに浮いている浮き輪をつかみ**「これを手放すと、私は死んでしまう！」**と思うもの。しかし、思い込みを外すと「あれ？　意外と浅い。足もつくじゃん」と気づいたりすることもあるのです。

疲弊するあまり、「自分にはこの浮き輪しかない」と、視野が大変狭まっている可能性もあります。

第5章の「自分ケア」も行ないながら、**自分が大切にしたいこと、そのためになにを優先するか**についてじっくり考えてみましょう。

自分への殺し文句（自分が本当に大切にしたいものは？）

パターン8

「彼女、疲れているみたいです〜」秘密情報を吹聴して仕事を奪う「スパイ先輩」

●苦しみの原因＝消耗苦　警戒苦　自己嫌悪苦
●危険度　★★★★

▼「一見、いい人」事件簿

転職したてで心細かったとき、しきりに話を聞いてくれた先輩。

飲みに誘ってもらったとき、つい心を許して「前の職場では、こういうつらいことがあって心が折れてしまった」とか「失恋したばかり」とか、あれこれぶっちゃけて話してしまったのです。

でも、あるとき、別の同僚から「前の職場で、つらかったんだって？」「疲れているようだから仕事を回さないであげてって彼女に言われたんだけど、体調は大丈夫なの？」と言われたのです。

そして、先輩は私が担当する予定だった仕事をちゃっかり横取りしていたことも判明しました！

うまく情報を引き出して利用された、という思いと、あれこれ話してしまった秘密を誰かに言いふらしてはいないか、という不安でびくびくしています。

職場で先輩は人望が厚く、悪くは言えない状況です。先輩が言っていた内容も私のことを気遣ってのことになっていますし、モヤモヤして、ストレスは強くなるばかり……。

そんなある日、先輩と二人で作業をしながら、仲よくしてくれているある男性上司の話になりました。

「あなた、まだ気づいていないかもしれないから言うんだけれど、あの人には気をつけたほうがいいわよ。実はね……」と、その男性上司がいかに巧妙に他者を利用する利己的な人なのかを、多くの実例を用いて話すのです。

その結果「その男性上司はとても悪い人。先輩は私のことをとても心配して、いろいろ教えてくれるいい人」というイメージができあがってしまいました。

なんとなく、その男性上司を避けるようになったころ、先輩がその人とペアを組んで楽しそうに仕事をしている姿を目撃しました。

慌てて、近くにいた同僚に話を聞いてみると、やはり当初私が受け取っていた印象のとおり、男性上司はとてもいい人であるとのこと。

逆に、その同僚は先輩について、「彼女は人の印象を操作するから気をつけたほうがいいよ。僕は彼女とは話をしないことにしている。話をしていると、いつのまにか誰かの悪口を自然に吹き込まれてしまうからね」と忠告してくれたのです。

もう、誰を信じていいのかわからなくなってきました。

▼情報を求め、優しく何度もアプローチしてくる

百戦錬磨のコミュニケーション術で情報を握る「情報操作系」の人。信頼できそ

うな印象であることを武器にして、人の弱みを握るのがうまい人物ですね。

対人スキルが高く、女性に多いタイプです。

人の気持ちに寄り添い、「私があなたを守ってあげる」という雰囲気で近づいてくるので、つい気を許して、あれこれ話してしまいます。


こういった人はまさに「一見、いい人」なので、初対面では、その本性に気づくことは不可能です。

よく、「自分は絶対に詐欺には引っかからない！」という人がいますが、そういう人ほど、コロッと引っかかるのと同じ。警戒している人であっても、何度も繰り返しアプローチを受けて優しくされると、「この人は信用できる」と信じ込んでしまうのです。

秘密情報をたくさん握られることによる警戒。心を許してしまったという自己嫌悪。さらに「周囲にバラされるかも」という不安からエネルギーを消耗しますから、その先輩の動向が絶えず気になってしまうのは当然と言えます。

▼とるべき手段

こういう「一見、いい人」は、情報を引き出すという目的のために、自身の正体をとても上手に隠します。予防策をとることは難しいです。

また、このような人はコミュニケーション力が高いために、人心掌握《しょうあく》が非常にうまいのです。もし、根も葉もない噂を流されたとして、後から「あの人が言っていたのは嘘です」と火消しをしようとしても、彼女が吹聴した情報のほうを周囲は信じるために、効果は薄いでしょう。

怖い人だと気づいたら、すぐ対処をすることが賢明です。今後、同じように「あなたのことを気遣っている」と近づき「味方だよ」と共感姿勢を示してきても、さりげなく、でも毅然として距離を取りましょう。

オレオレ詐欺の場合は、怪しいと思った時点でとにかく電話を切ることが大切。それと同じように、**なるべく相手との物理的な接点を少なくしましょう。**

顔を合わせそうなタイミングをずらし、話しかけられても長くは話さない。他者の話になっても関心がないという対応をする。

そして、**あなたからは「情報を与えない」ことが大切です。**相手の大好物である「人には知られたくない秘密情報」というエサを与えないことです。

たしかに、自分の悪口を言われる不安はあります。しかし「他者をおとしめて自分が浮きあがる」というのが、その人のストレス対処法なので、その人と関わっているかぎり、噂に使われることはある程度覚悟のうえで、必ず適切な距離を取るようにしましょう。

このタイプの人は、かなりの強敵です。

なによりも**「自分が洗脳されないこと」**を大切にして、身を守りましょう。

殺し文句　「今日、ちょっと急いでいるんです」

パターン9

「一緒にがんばろう！」正論しか通じない「熱血ポジティブ上司」

●苦しみの原因＝消耗苦　警戒苦　自己嫌悪苦
●危険度　★★★★★

▼「一見、いい人」事件簿

新規事業の準備チームに入ったのですが、リーダーが熱血かつポジティブ思考。その下にいる人たちもみな「彼はすごい」などと言ってリーダーに心酔しています。有能なのは事実ですが、口から出る言葉がすべて正論。

「お客様のために」とか「現時点での最善を尽くす」という言葉が口グセです。

毎日、終電までの残業は当たり前。また、「このプランをもっとよくするために、週末も集まってアイデアを出し合おう」などと言い、みんなも楽しそうに、週末も休まずに会社で仕事をしています。

私がつい「週末ぐらいは休みたい……」と口を滑らせてしまったところ、上司だけでなくメンバー全員にあきれられてしまいました。

「自分だけ、ついていけてないんだ」とショックを受けてしまい、周囲との関係もぎくしゃくして、どんどん仕事の意欲が落ちています。

▼うつ状態を作り出しやすい「エネルギッシュな職場」

上司や周囲がエネルギーに満ちていて、前向き思考で実績も出している。休日返上を厭わず、高い完成度を求められる……。

たしかに正論ですが、その波に乗っていけない人、また心身が疲れている人は、そのような働き方ではますますエネルギーを消耗し、上司の指令が怖くなって警戒します。

言うなれば、全国優勝を目標に掲げているアスリート集団のチームに入ってしまった普通の人、という位置づけ。そもそも、あなたとは価値観が違うから、意識に差が生まれているのです。

誰かに「ひどい上司だ」と言いたくても、客観的に見ると、特に「ひどい」と断言できる面はない。すると、どうしても「できない自分が悪い」という自己嫌悪に陥ります。

「大変だけど、みんなやっていることだから自分もがんばらなくては」と思う。「業績を上げている職場で生き残れないと将来が不安だ」とも思い、足抜けできずに疲労を深める。

実は、このように前向きでエネルギッシュな人ばかりの職場で、疲れ果ててうつになり、カウンセリングに訪れるクライアントはたくさんいます。

▼とるべき手段

併走する相手のペースが速すぎると、オーバーペースとなり、無理が生じます。

同じ課題に向かっていても、心身の疲労の進み具合は人それぞれで、はっきりと異なります。

「周囲が疲れていなくても、自分は明らかに疲れているのだ」と自覚しましょう。

第三段階の疲労まで進むと、考え方が頑固になり、なかなか自分で決断したり、対処したりすることが難しくなります。

疲労がさらに深くなってしまう前に、上司と直接話をしてみましょう。

心身ともに追いつめられてしまったときには、**きっぱりと「できません」と言うこと。**

なぜなら、「このプロジェクトは○○なので、私には課題が大きすぎて……」などと理由を細々と言ってしまうと、「じゃあ、少し負担を減らせばできる」「違う課題にすればできる」などと、すべて相手の都合のいいように解釈されて、説得させられてしまう恐れがあるからです。

契約していた新聞を「もう、うちはいりません。読みません」と断るがごとく、勇気を出して意思表明しましょう。

心身ともに壊れてしまっては、元も子もありません。

「課長はそう思われるかもしれませんが、私は自分のペースでやらせていただきます」。しつこく理由を問われたら、「自分の人生は、自分のペースで生きることに決めたからです」――。

言いすぎのように聞こえるかもしれませんが、そのぐらいきっぱりと伝え、**ディスカッションに持ち込まないことが大切です**。

その後、チームを外れるかどうなるかは、雇用主側との相談となるはずです。少なくとも、あなたが決意をすることで、今の疲労のループから抜け出し、前に進むことができます。

殺し文句　「私には余裕がないので、できません！」

パターン10

「今の困難は成長のチャンスだよ」疲れている人をさらに追い込む「コーチング上司」

●苦しみの原因＝消耗苦　警戒苦　自己嫌悪苦
●危険度　★★★★

▼「一見、いい人」事件簿

上司がコーチングにはまっています。

部下を育てる、ということにこだわり、なにかにつけて「打ち合わせ」と称して個別に呼び出すのです。

あるとき、やる気が落ちているのを見破られ、「君が仕事において叶えたいのは、どんなこと?」と聞かれたのですが、うまく答えられませんでした。

それからはその上司のターゲットになってしまい、「今、苦しいと思うけど、ここを乗り越えたらもっと成長できる」などと、事あるごとに話しかけてきます。

そう言われると、そんな気もしてきますが、ますます「私は仕事でなにをやりたいんだろう」と迷子になった気分にもなります。

▼「成長したい」欲求につけこんでくる

皮肉にも、人を育てるためのコーチングによって、上司に潰される部下が多くいます。クライアントの話を聞いていて思うのは、「コーチング好きで、部下を成長させることにこだわりすぎる上司は、部下自身の元気度や苦痛度を見誤っている」ということ。

たとえるなら、骨折して「痛い、痛い」と苦しんでいる人に「筋トレをがんばると、こんなにパフォーマンスが上がるよ。ほら、やってごらん」という働きかけをしている人がとても多いのです。

しかも、部下側の心のどこかにも「成長したい」という意欲があるので、この上司の言うとおりにしなくては、と葛藤し、判断力が鈍ってしまいます。

エネルギーの消耗、上司の要求への警戒、パフォーマンスを上げられない自分への自己嫌悪が重なるパターンです。

▼とるべき手段

人は、疲れきって弱ってしまうと、「この課題は、自分には荷が重い」という判断ができなくなります。元気なときならできた課題かもしれないけれど、今はとてもその状態ではない。

しかし、コーチング好きな上司だと「考え方次第で、できるはずだ」と追い込んできます。

あなたの疲労レベルを客観視できる人は、周囲にいますか？

たとえば、産業医に相談してみると、あなたの体調を客観的に判断し、上司に説明してくれるかもしれません。

私が最近、若い世代の人によく言うのは**「仕事を教えてくれる上司と、相談ができる上司、二タイプを選んでおこう」**ということ。そして「ちょくちょく挨拶をして近況報告するなど、礼を尽くしておこう」ということです。

社内を見渡してみると、違う部署であっても、経験豊富で親身になって寄り添ってくれて、アドバイスをくれる人物は必ずいるものです。

そういった人に「元気なときのあなた」を知っておいてもらうと、疲れてしまったときにも適切なアドバイスをもらえるはずです。

殺し文句　「今は成長よりも、ペースを緩めてみたいんです」

パターン11

「世のなかをよくしていかなくちゃ」輪から抜けるのが難しい「社会貢献仲間」

●苦しみの原因＝消耗苦　警戒苦　自己嫌悪苦
●危険度　★★★★

▼「一見、いい人」事件簿

知り合いのAさんに声をかけられ、社会貢献のクラウドファンディングを一緒に立ちあげました。

はじめは、なんらかの力になろうという程度の気持ちでいたのですが、いつのまにか主要メンバーの一人にされていました。週末は活動のために朝から晩まで必ず拘束され、平日も夜はいろいろな事務作業をしているため、疲れがたまって自分の仕事に身が入らない状態になっています。

今、その活動がますます忙しくなっている状況のなか、「私、抜けちゃおうかな……」と冗談のようにリーダーに話したら、急に真顔で「裏切る気？」と詰め寄られました。そこはなんとか笑ってごまかしましたが、それ以降はなにも言えなくなってしまいました。

世のなかのために、自分はもっとがんばらなければいけないのではないか、という自責感もありますが、どうしたらいいのでしょうか。

▼「誰かのためなのに……」と罪悪感を責め立ててくる

世のなかを変えるために、という使命感でがんばる。それ自体はとても素晴らしいことですが、**組織のなかで正論が強くなりすぎると、他者の意見を受け入れない傾向になってしまう**ことがあります。

「余裕のあるときにやろう」というぐらいの気持ちで参加したけれど、途中で「抜ける」とは言いにくい状況であると推測できます。

でも、あなたは今、本業に支障が出ているぐらい消耗状態にあるのですよね。今後、ますます自分に負荷がかかるのではないかという警戒もある。

さらに、このような社会貢献活動の場合、抜けようとすると「一緒にがんばってくれないの？」「がんばっている私たちを見捨てて、自分の利益を優先するの？」と責められるような気がして、苦しくなってしまいます。

実際、そうは言われないかもしれないけれど、「言われるのではないか」というプレッシャーを感じ、あなたは自己嫌悪を強めているのです。

▼とるべき手段

忙しくて疲れてしまい「もう辞めたい」という気持ちが変わらないのであれば、相手から離れることが一番賢明でしょう。

このような場合は、**なんらかの理由があると本人も周囲も納得しやすい**ものです。本当の理由ではなくても〝それらしい〟もので構いません。嘘も方便。昔からよく使われる、家族の病気とか体調が悪いとか、**相手がそれ以上言い返すことができないような理由を挙げて断る**ことです。

いざ、離れた後にも「これでよかったのかな」と後悔したり、自責感が生じたりすることがあるかもしれません。

そのようなときこそ、人の力を借りましょう。

あなたの選択を認めてくれる仲間を得ておくことで、「それでよかったんだよ」と第三者の立ち位置から寄り添ってくれるでしょう。これも心を落ち着かせるためには、とても必要なケアになります。

また状況が変わったり、元気を取り戻したりして、「なにか行動を起こせそうだ」と思ったときに再挑戦すればいいのです。

殺し文句　「体調が悪いから、また余裕ができたら参加するね」

パターン12

「君しかいないんだ！」天才肌だが振り回してくる「人たらし上司」

●苦しみの原因＝消耗苦　警戒苦　自己嫌悪苦
●危険度　★★★★★

▼「一見、いい人」事件簿

「どこからそんなアイデアが生まれるの！」と驚くようなアイデアを生み出し、プレゼン力もすごい〝神〟上司。

何回か打ち合わせに同席して気に入られ、同じプロジェクトで働くことになりました。自分の担当はその上司が苦手とする分野なので、社内ヘッドハンティングされた形でした。

でも、実際に一緒に働いてわかったのは、その上司は気分の波がとても激しく、理不尽にイライラをぶつけてくるということ。

あるとき「仕事がうまく進まないのはおまえのせいだ」と名指しされたことがあり、それ以降、すごく苦しいです。

結構しんどい、と同僚に相談しても「あの〝神〟の下で働けるんだから、うらやましいよ」と言われて共感してもらえません。

調子のいいときには「君しかいない」「本質を一番わかっている」「しかるべきポストを用意する」などとほめてくれるときもあるので、そういう言葉を聞くとうれしくて「がんばろう」と思ってしまいます。

▼期待に応えないと「被害者モード」になる

魅力的で才能があって、ちょっとダメな人。天才肌で人を惹きつける人たらし。上司はまさにそういうタイプでしょう。芸術家やエンジニア、クリエーター、起業家などに多いタイプです。

才能が突出している部分がある反面、ダメなところもあり、その魅力に惹きつけられた人は「私がそばにいなければ」と、がんばりすぎてしまうのです。

相手もそうやって自分をフォローしてくれる人を直感的に見抜き、好意的にアプローチします。

欠けている部分、補う部分がぴったり合っていればよいのですが、互いにオーバーワークになってくると、そばにいる人を攻撃したり、うまくいかない理由をその人のせいにしたりします。

当然ながら、攻撃された側は、普通の人に傷つけられたときの何倍ものダメージを受けます。

それは、魅力に惹きつけられた部分とのギャップが大きいからです。

エネルギーを消耗し、相手の言動に一喜一憂して警戒し、相手の期待に応えられない自分を自己嫌悪する。

危険度は、今回紹介した12タイプのなかで最も深刻なタイプです。

▼とるべき手段

実はこのようなケースは、ＤＶ（家庭内暴力）とよく似た構造をしています。ＤＶの加害者も、職場では「一見、いい人」であることが少なくありません。おそらく、他者の目や社会的プレッシャーがある環境では、怒りをコントロールすることができるのでしょう。

しかし、たまたまストレスが大きくなったり、日ごろのイライラを我慢してエネルギーを消耗してきたりすると、その怒りを身内に向けてしまうのです。

ただ、この構造だけなら「ダメな人」というだけのこと。暴力でなくても、金遣いが荒い、アルコール乱用、働かない、裏切る……など、いろいろなダメな人がいます。そして、被害が大きくなれば、被害を受けている人は加害者から離れていきます。

ところが、**ＤＶをされているのに、その人から離れられない、いえ、離れない人が案外多い**のです。離れないので、ＤＶの被害が深刻になってしまいます。周囲から見ると、そんなにひどい人からどうして離れないのかが理解できません。

ただ、カウンセリングなどでＤＶの被害者によくよくその心理を聞いてみると、次のような要素があることがわかりました。

一つは、人間的魅力です。芸術やスポーツ、文才、起業、ギャンブルなどの才能がある。カッコいい、優しい、気配りしてくれる、というのも大きな魅力です。

もう一つは、弱さを秘めていることです。

体や心が傷つきやすい。すると、被害者は、次のようないくつかの心理状態に陥りやすくなります。

まず多いのは、**「私がこの人を守ってあげなければ」**という母性愛的なもの。「私しかこの人を救うことができない」「私が見捨てたら、この人は死んでしまう」……という感じです。一種の使命感のようなものさえ感じています。

もう一つは、ギャップによる安心感。あんなにひどい暴力をふるった後なのに、とても優しく、私だけを見てくれる。**魅力の大きい人を独占できることによる安心**

感です。ＤＶをしてくる人が浮気性であるようなときには、ＤＶという暴力の対象に自分が「（少なくとも今は）選ばれている」という安心感があるようです。**「少しうれしい部分がある」**と言ったクライアントもいます。

同じように、人たらし上司のせいでいろんな苦労はさせられるものの、あなたにとっては、どこか憎みきれない気持ちがあるのかもしれません。

オーバーワークになったときにあなたを責める上司は「被害者モード」になっています。「自分はこんなにがんばっているのに、部下は仕事を手抜きした」、つまり、「自分は攻撃を受けた」と思っています。

だから本気で攻撃をしてくるのですが、感情がおさまってくると、いつものその人に戻り、「君のことを思っているんだ」「ごめんね」と謝ったりもする。

あなた自身も、「もうこの素晴らしい人に愛想を尽かされたかも……」と不安になっていましたが、そう言われると安心できる。やっぱり、**つらくてもこの人についていこう（いきたい）という思いが強まってしまう**。だから、逃れられなくなるのです。まさにDVの構造と似ています。

「自分の我慢が足りないからだ」という思考から抜け出して、あなたは自分の苦しみにしっかりと目を向けること。

「十分苦しんだから、逃げていい」と判断したら、距離を取りましょう。

このとき、心身の疲れのレベルが進んでいると**「会社を辞めるしか道はない」というような極端な思考になりがちなので、注意が必要です。**

いったんお休みをして、冷静さを取り戻してから、「人たらし」といい距離感が取れるポストへの配置換えのお願いをしてみるなど、じっくりと方法を考えてみることをおすすめします。

自分への殺し文句　（私は人間。あの人の都合のいい道具じゃない！）

第5章

「一見、いい人」に振り回されないための五つのワーク

消耗・警戒・自己嫌悪を順にケアしよう

いよいよ、最終章の第5章です。

最後の総仕上げとして、あなたがこれまで「一見、いい人」と接する際にじわじわとダメージを受けてきた「消耗苦」「警戒苦」「自己嫌悪苦」の三つにアプローチしていきます。

私は、現代人が心の疲れをとり、心の軸をしっかりと定め直すための基本手順を**「感情のケアプログラム」**としてまとめていますが、ここではそのなかから厳選した「五つのワーク」を紹介したいと思います。

「一見、いい人」との対人トラブルがきっかけとなり、自分自身のケアを行なうことで、日々起こる大小さまざまなストレスに対しても「悩みすぎなくなる」というメリットが得られます。

ちなみに、第5章で紹介する五つのワークはすべて、第4章でお伝えした12パターンの、どのパターンの悩みにも共通して有効です。

五つのワークは、1~5へとSTEPを踏んで進めていきます。

まずは、あなたのエネルギーを取り戻すために「休む」こと。

次に、日々の感情の発生源である「一見、いい人」から距離を取って冷静になり、感情に少しずつ触れていき、その感情を認めていきます。相手との関係性をいろいろな角度からとらえ直していきましょう。

これらが、「一見、いい人」によって生じる感情を取り扱うための基本手順となります。

大切なのは**「どのSTEPのワークも、ただ文章を目で追うだけで終わらせない」**ということ。頭で理解してわかった気にならず、実際にやってみて、そのときの自分の心の動きをじっくりと観察してみてください。繰り返し実践することによって、一つひとつがあなた自身の「本当に使えるツール」になっていきます。

ご紹介するワークはすべて、私自身がクライアントに実践してもらい、効果があると実感したものばかりです。

自分の疲れを「甘くみて」いませんか

まずは、「消耗」にアプローチしましょう。

本書では「一見、いい人」がいかにあなたのエネルギーを奪っているか、そのストレスがあなたの大切な活動エネルギーや思考エネルギーを奪って、いかに「消耗」を加速させているか、ということについて繰り返しお話ししてきました。

人は、どうしても自分の疲れを「甘くみる」傾向にあります。

私自身、カウンセリングをしていると、「休みが必要な人ほど、休みを取りたがらない」という法則があることに気づきます。

元気なうちには「よし、休もう！」と、軽い気持ちで休みを取ることができるのに、心身が弱ってくると「ここで自分が休んだら人に迷惑をかける」「居場所がなくなる」「今、がんばっているのに、休んでしまったら自分がダメだと認めなくてはいけなくなる」というふうに切羽詰まってくるゆえ、休めなくなるのです。

ストレスは三種類に分類できる

休むことの必要性を理解していただくために、ここで、ストレスを「穴の開いたコップ」にたとえてみましょう。あなたが遭遇するストレスは、細かい穴の開いたコップに日々注がれているようなものです。

入ってくるストレスは、泥水のような状態。水の部分はコップの細かい穴から抜けていきますが、泥や小石はだんだん底にたまっていきます。年数とともに、一番底の部分はコンクリートのようなガチガチの状態に。その上の層も、ヘドロのように粘性を持ってたまっていきます。

このように、長年のストレスがコップの底の部分からどんどん堆積してくると、**コップにためることができるストレスの量も減り、外から少しのストレスが入ってきただけで、コップがあふれてしまう状態になってしまいます。**

すると、些細なことでカッとしたり、冷静な判断ができなくなったりしてしまう。つまり、心が破綻しやすい状態になってくる。これが第3章で説明した、疲労の第二段階の状態です（80ページ参照）。ちなみに疲労の第三段階は、コップから水があふれ出している状態になります。

コップのなかで層になっているストレスは、三種類に分かれています。それぞれの正体について説明しましょう。

一番底でガチガチに固まっている**コンクリート状のものは、「一〇年もの」のストレス**。トラウマ的なショックな出来事、じわじわ蓄積した更年期や生活習慣病などによる不調、老化などなど……。

生きているかぎり、避けようがないものも含まれますが、それによって日々、エネルギーを奪われつづけていることは事実です。

ストレスの正体は、コップにたとえるとわかりやすい

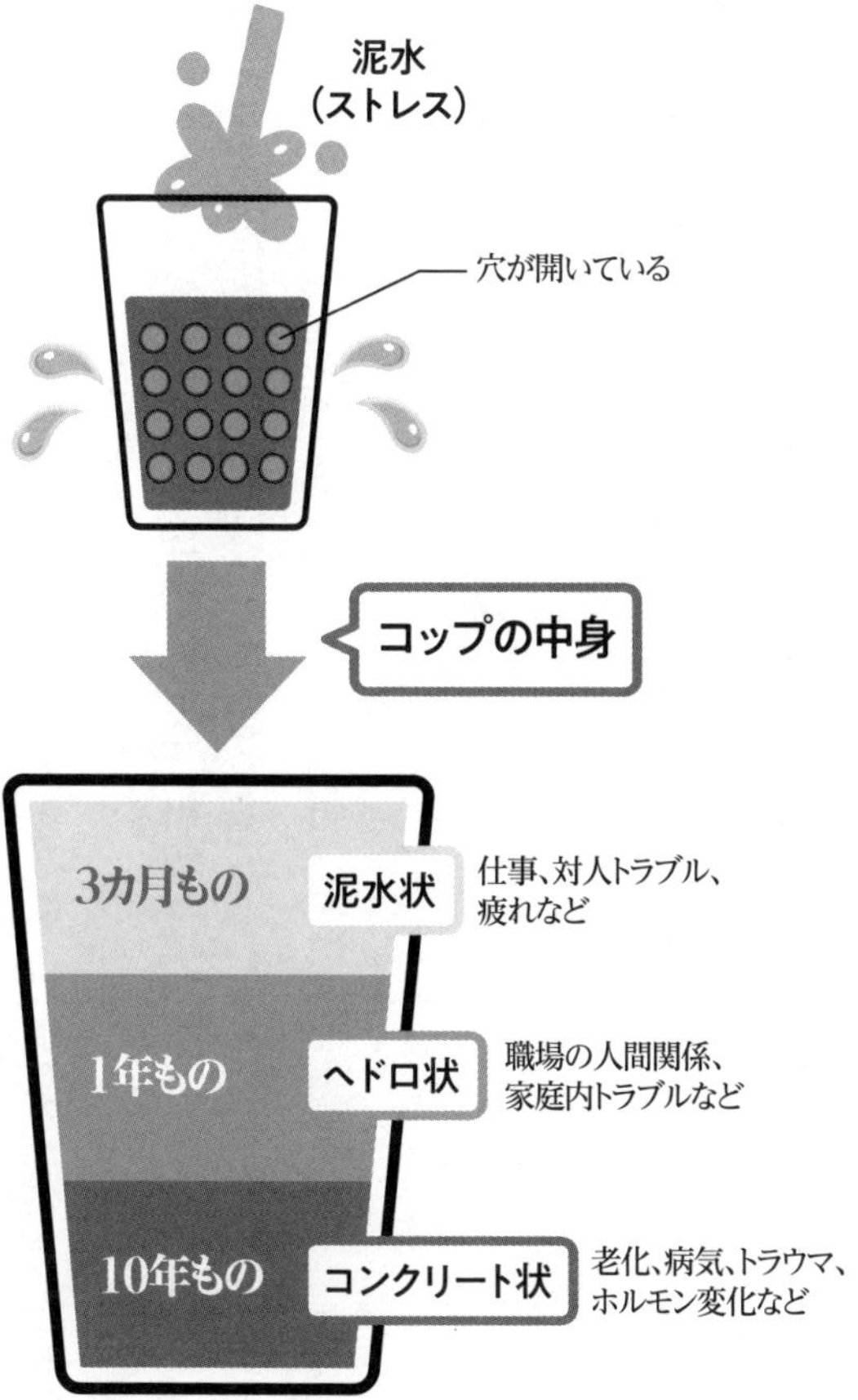

下から二番目の層は、**ヘドロ状の「一年もの」**。職場での人間関係や家庭内のトラブルなど、日常のなかで起こるストレスによる疲労は「一年もの」のヘドロとして、ベットリと固まりはじめています。

一番上にある層が、**泥水状の「三カ月もの」**。出張の疲れや、ここ最近続いてきた対人トラブル、仕事でうまくいかなかったことや少し先にある課題のプレッシャーなど。これらも積み重なると、次第に「一年もの」の層に降りていきます。

各ストレスへの基本的な対処法

ストレスのコップがあふれてしまった、あるいは、あふれそうなとき、私たちは必死に対処をしようとします。

しかし、**大切なのは、そのストレスの主体を見極めること。**そうしないと、うまくいかないのです。

たとえば、「三カ月もの」のストレスが主体である場合は、つらいと感じているそのストレス源から離れたり、ある程度の時間をおいたりすれば、泥水状のストレスはコップの穴から抜けていき、コップの水位は下がっていきます。ストレス源から心を離すために、カラオケやスポーツなどのストレス解消法も効果的でしょう。

ところが、「一年もの」がコップの主体を占めている場合は、そうはいきません。「一年もの」のストレスの中身は、日々の過労によりじわじわと蓄積した疲労なので、本人も明確に「これがストレスだ」と気がつかない場合が多いのです。

また、疲労の総量がすでに第二段階に到達しているような場合、スポーツや弾丸旅行などの発散系のストレス解消法をすると、さらに「疲れ」が上乗せされ、さらなる消耗の悪循環に陥る傾向があります。

「一年もの」への基本対処は「休養すること」です。

ヘドロ状のストレスは、コップの穴からは流れていきません。これを流すためには、コップを倒してしばらく横にしたままにしておかなければいけません。つまり、ある程度の時間、休むことが必要になります。次ページの「STEP1」で、具体的な休み方をご紹介します。

ちなみに、「一〇年もの」のストレスによってコップが半分以上埋まっている場合、少しのストレスが加わるだけで、あふれやすい状態になっています。

「一〇年もの」のテーマは、本人も長年悩んでいるケースが多いので「根本的に解決したい！」と強く思うのですが、相手は、なんといってもコンクリート状。**もしも無理に壊そうとすると、コップにひびが入ってしまう恐れもあります。**

「一〇年もの」が多くを占める場合でも、対処しやすいのはその上にたまっている「一年もの」と「三カ月もの」です。

つまり**「一〇年もの」は「変えられないもの」であり、「一年もの」と「三カ月もの」は「変えられるもの」である**、と認識しましょう。

うつ状態になっているけれど「状況が許さない。少ししか休めません！」と抗う人は、疲労がいかに自分にダメージを与えているかを理解できておらず「がんばればなんとかなる」と思い込んでいます。

そんなとき、私はこのストレスのコップのたとえ話をして、「しっかり休む必要性」をお伝えすることにしています。

STEP1 三日間、集中して休む「おうち入院」

疲れて、もうクタクタ！　そんな疲労感以外でも「眠れない」「仕事がはかどらない」「決断できない」「体の不調が続いている」「罪悪感がある」「責められているような気がする」というときには、最優先で「休む」ことが必要です。

特に、「このぐらいの苦しさで休んではいけない」とか「今休んだら、もっと仕事がきつくなり、立場が悪くなってしまう」などという考えが出ていたら、うつ状態に限りなく近づいています。

うつ状態のようになってくると、「自分は人から理解されていない」「自分ばっかりつらい思いをしている」という被害者意識が強くなるため、「一見、いい人」との関係もさらにぎくしゃくしてきます。このようなときには、自分をケアすることを最優先にしましょう。

三日間休むことこそ、最短かつ最強の自分の心のケアになります。

休むときに大切なのは、休息を妨げる「人」や「仕事」からしっかり離れることです。入院しているような過ごし方をするので「おうち入院」と呼んでいます。

【おうち入院】

・ひたすら眠る。目が覚めても、できるだけベッドで横になって、だらだら過ごす

・仕事先や友達との連絡は、極力取らない。パソコンは見ない。ただ、なにかしていないとつらい場合は、スマホで短い動画を見たり、簡単なゲームをしたりして気を紛らわせる

・家事は一切しない。食事は出前をとるか、レンジで温めるだけのものなど調理が必要ないものを事前に買い込む

心に決めて、とにかく休養しよう

こんなふうにダラダラしていいのか、と思うかもしれません。あるいは「楽しいことをしてリフレッシュしたほうが、元気になれるはず」と飲みに行ったり旅行に出かけたりする人もいるかもしれません。

しかし、ある程度年齢を重ねた人は、そのような〝**はしゃぎ系**〟**のストレス解消を行なうと、かえってさらに疲れを積み重ねることになりがち**です。

心身をリセットするための「集中休養」だと、心に決めてお休みしましょう。家族がいるなどで休みに集中できない場合は、必要経費だと割りきって、ビジネスホテルなどでこの「おうち入院」を実践することをおすすめします。

『ドラえもん』ののび太は、ドラえもんのひみつ道具を使って一日ぐうたらすることが許される**「ぐうたら感謝の日」**を定めました。あなたも「今日はぐうたら感謝の日だ！」と思えば、ゆったり休める気持ちになるかもしれません。

そうやって、しっかり「休んだ」後の頭のすっきり感、体の心地よさ、ラクになった感じを、どうぞしっかりと味わってください。

警戒モードは、感情を否定すると悪化する

「消耗」への対処をいったん終えたら、「一見、いい人」とのトラブルでダメージを受けたあなたの感情に触れ、認める作業も行ないましょう。

私の負担をまた増やすのではないか、なにか狙いがあるのではないか、私を傷つけるのではないか……。そんな「一見、いい人」への警戒アンテナが発動しやすい状態にあるとき、なにがその警戒モードを悪化させると思いますか？

答えは**「その感情にフタをしようとすること」**です。

あなたの心のなかにある、自分を責める存在。それは、理屈で感情を説き伏せようとする「理性」（64ページ参照）でもあり、努力と我慢を強いる「子どもの心の強さ」（113ページ参照）でもあります。

そんなことを思ってはダメ、もっと努力すればいいだけの話、あんないい人を嫌うなんて間違っている……。そんなふうに自分を責めるのは、「理性」や「子どもの心の強さ」を使いすぎているからです。

感情に触れることが怖いゆえの働きです。

私が心理幹部として隊員の心のケアを行なってきた自衛隊では、災害などが起こったときには現場にすぐ向かい、救援活動にあたります。

ただ、その任務は過酷であることが多く、また訓練中の事故や同僚の自殺など、ショックな出来事に直面することも皆無ではありません。

そんなとき、私は隊員たちに**「苦しい気持ちは決して否定せず、まずは認めるこ**

とが大切です」と、一貫して伝えてきました。

第2章でもお伝えしたとおり、あなたも日々の生活のなかで、悲しみ、怒り、不安などのさまざまな感情に振り回されることがあると思います。しかし、それらの感情は、あなたを守るために存在しているのです。

STEP2 気持ちを落ち着かせる「ありがとう瞑想」

イラッとしたとき、傷ついて心がズキンとしたときは警戒アンテナがピンと立つ瞬間です。

原始人モードで考えてみましょう。相手の姿（猛獣）を見ているかぎり、警戒アンテナは引っ込みません。近くにいるかぎり、緊張して疲れてしまいます。

ビジネスの現場などでは、トラブルが起こったときは「瞬時に対応」「すぐ連絡を！」というモードになるものです。

しかし、実は、急な出来事に**感情が高ぶっているときにすぐ動くのは、さらなる失敗のもと。**冷静さを失っているため、対人トラブルであれば「売り言葉に買い言葉」が起こりやすい。

ミスの原因をめぐって「誰が悪いんだ！」「私が悪いんです。もう辞めます！」といった不毛な言い争いが起こり、後から考えて「なんであんなことに……」と後悔するような事態になりやすいのです。

自衛隊では、予期せぬトラブルがしょっちゅう発生します。人命がかかっているときはもちろんすぐに動きますが、一〇分早く出ようが出まいが大差はない、というときは、**落ち着くことを最優先にします。**

江戸時代の火消しのリーダーは、現場に到着したら、まずその火でたばこを吹かしていた、という言い伝えが残っています。というのも、素人は目の前のことしか見ないけれど、本当のプロは、風向きや水路はどこにあるか、家屋のどこを壊せばいいかなど、全体像を見渡してから行動をするからだそうです。

警戒アンテナが立ったら、**まずは可能なかぎり、その場や相手から離れましょう。**
職場であれば、トイレに立つぐらいはできるでしょう。
そして、三分間でできる、「ありがとう瞑想」を行ないます。

【ありがとう瞑想】
・深呼吸を大きく、三回行なう
・普通の呼吸に戻し、その呼吸に意識を向ける
・今感じているストレスフルな出来事やイライラなどが頭にめぐってきたら、その感情は自分を守るために発動していることを思い出し、「ありがとう」とつぶやいてみる
・呼吸に意識を戻す
・また感情がめぐってきたら、そのたびに「ありがとう。でも今は、呼吸に集中するよ」と言って、呼吸に意識を戻す

感情を認めることで、被害者意識の肥大を防ぐ

呼吸の仕方は、あなたの心地よい、やりやすい方法で構いません。

呼吸に意識を向けるには、鼻の穴を出入りする空気を観察してもよいし、お腹のふくらみを観察してもいいでしょう。また、呼吸の回数をただ「数える」だけでも構いません。

「ありがとう」とつぶやくときには、浮かんだ感情を否定せず、変えようともしないこと。別に心の底から「ありがとう」と言えなくてもいいのです。**「ありがとう」という言葉によって、被害者意識から感情を「そらす」**のです。

すると、感情を否定しなくて済むし、そういう感情を抱いた自分のことも否定しなくてよくなります。さらに呼吸に集中することで、相手への感情が加速し暴走することも予防できます。

私自身も「イライラすると、我ながらとても偏ったものの見方になってくる」ことを実感しています。

「あの人は自分を陥れようとしている」などと思いはじめたことに自身で気づいたら、必ず「ありがとう瞑想」をすることにしています。それによって気持ちが落ち着いてくると、「あんなこと考えてしまったけれど、そうじゃない可能性のほうがずいぶん大きかったな」と気づいて、笑ってしまいます。

「ありがとう瞑想」は、寝る前に体のすみずみに意識を向け、脱力しながら行なうと心身のストレス解消にも役立ちます。

ぜひ、習慣にしてみてください。

STEP3　すべての気持ちを認める「心の会議」

「ありがとう瞑想」によって気持ちが少しクールダウンしたら、感情を言葉に置き換えて、自分で認める作業、「心の会議」を行ないます。

ポイントは、**気持ちが落ち着いてから行なうこと**。怒りも不安も警戒心も、その感情の勢いが強いときには、心はその感情ばかりをターゲットにして、「考えろ」「行動しろ」と指令してきます。そして、あなたに考えさせるために「最悪の事態」を訴えかけてくるのです。

たとえば、恋愛をしているときは感情の勢いが強くなります。恋人とうまくいっていない不安感が強くなると、「別れ話を切り出されるに違いない」ということばかりを考えてしまい、相手の暗い表情や予想されるセリフばかりをシミュレーションするようになります。そうならないための改善案にまで、頭が回らないのです。

頭がいい人ほど「すぐに考えたほうが結論は出るはず」と思うものですが、まずは相手から離れたり、「ありがとう瞑想」によって感情の勢いを鎮めたりすることが大切です。

そして「他の作業に取り組めるようになったな」「いったん、あのことは忘れてもいいかな」と思えたときに、「心の会議」を開きます。

「どんな感情も自分を守るためなんだよ」と、バランスよく自分自身を認める「大人の心の強さ」を身につけるために行ないたいのが、この「心の会議」です。

【心の会議】

・もう疲れた、なんで認めてもらえないんだろう、イライラする……。そんな「弱い」と思っている自分の気持ちを、すべて書き出してみる。同じように、「自分がダメだから」と責めたり、「気持ちを切り替えよう」と平気なふりをして強がったりする気持ちについても、すべて書き出す

・次に「そうするしかなかったもんね」と許す。どの気持ちの言い分も、ひいきせずに聞いてやる（認める）のが、心の会議のポイント

・「気持ちを認める」ことは、「それに同意して、即行動する」ということではない。あくまでも意見として聞くだけで、「行動」はすべての感情をきちんと理解した後に決めていく。つまり、「心のなかの民主主義的プロセス」を大切にする

「心の会議」を開いて感情を書き出そう

【自分のなかにあるすべての感情】

すべて書き出して、
すべての感情を認める

すべてを包み込んで、

「大丈夫。どんな感情もダメなものはなに一つないんだよ」

と言えるのが、「大人の心の強さ」である

すべての感情を、丁寧に取り出していく

一度に、感情がすべて出そろわなくても問題ありません。

他の感情が隠れていないかな？　と、**一つひとつの自分の大切な気持ちをゆっくりと掘り下げていく**ことで、奥の奥にある意外な感情を見つけられることもあります。隠れていた感情に気づくことで、あなたの心は軽くなっていくでしょう。

こうやって自分の気持ちを取り出すことによって、「ストレスのコップ」（185ページ参照）のなかに蓄積する、ヘドロのようなストレスの量が減ります。

認めたくない感情があると、どうしても人は気晴らしをしたり、忘れようとしたりして「なかったこと」にしたがるものです。しかし、そのままだと、「自分はダメだ」と思った気持ちそのものを封印してしまうことになります。どこかで「自分は逃げた」と認識してしまう場合もあります。

だからこそ、**「私は一つひとつの出来事に対処している」と自信を取り戻すため**に必要なのが「心の会議」なのです。

STEP4 「七つの視点」で視野を広げる

次に行ないたいのが、「自己嫌悪する気持ち」のケアに効果的な「七つの視点」です。このワークもまた、ある程度、感情の勢いが鎮まってきたときに行なうのがポイントです。起こったトラブルを見つめ直すためのプロセスです。

感情は、原始人的な感覚で物事を見るために、どうしても大げさに働き、視点を偏らせる性質があることは何度かお話ししてきました。

感情は視点を偏らせ、「わかっているつもり」で結論を出します。たとえば、怒りの感情は「相手は私を攻撃した。だから反撃せよ！」と命令を出してきます。

しかし、それは同時に、原始人的には命がけの戦いを想定しなければならない、怖いことでもあります。そのため、結局は「私が悪かったんだから」「もっとがんばればいい」あるいは「すべてはあの人のせい」といった、戦闘を避けるような思考が出てきて、私たちにブレーキをかけてきます。

そうすると、いつまでも「この問題を解決できない自分ばかりを見てしまう」というループから脱することができなくなります。

そのため、まずは「心の会議」で、あなたのすべての意見を聞くのです。すると、少しずつ思考が緩んできます。

このタイミングで、次は「視点」を変えてみます。

思いきって視点を大きく変えないことには、「自分の気持ちが偏っている」ことに気づくことができません。自分が書いた文章のミスを、自分では見つけにくいのと同じです。

そこで、ドローンをあちこちに飛ばすように、出来事を俯瞰的に見つめるために必要なのが「七つの視点」です。

【七つの視点】

1 自分視点

「自分」というキーワードで、思いつくことを考える。

「○○だよね（感情を認める）」「なにをしようとしているんだっけ？（目的）」「疲れていない？（体調・蓄積疲労）」と、まずは自分に問いかける。

2 相手視点

相手の立場から考察してみる。

「彼はあのときなにをしていた？」「なにを伝えたかったのだろう？」など。相手の立場に立とうとするだけで腹が立つときは、中断して「ありがとう瞑想」に戻る。

3 第三者視点

感情は、自分と相手のことだけに意識を向けさせようとする。そこで「他の人が見たら、この出来事や状況はどう見える?」と、第三者の立場から見てみる。

4 宇宙視点

空間的に視野を広げてみる。

「グーグルマップのように視野を広げて、今のトラブルを見たら?」「宇宙人から見たら、この出来事はどう見える?」など。すると、思っていたよりも、とても小さな人間関係のトラブルであったことに気づくことも。

5 時間視点

「一カ月後はどうなってる?」「一年後は?」などと、時間軸でとらえてみる。

感情は今に集中しているが、時間的に視野を広げると違う見方ができることも。

6 感謝視点

感情は、出来事を「悲惨で重大なこと」ととらえている。そこで、あえて「この出来事に感謝できるとすれば？」という見方をしてみる。

すると「今の時点で相手の性格がわかって、ラッキーだったかも」というふうに、被害者意識が緩むことがある。ただし、無理に感謝しようとすると自責感が高まることもあるので、無理はしない。

7 ユーモア視点

「この状況をコントにするとすれば？」「川柳にできないかな」など、クスッと笑える出来事になるように考えてみる。

すべての視点をうまくイメージしなければならない、というものではありません。自分にとって使いやすい視点、そうでない視点があって当然です。

一度実践してみたことで、視点が広がって物事の見え方の角度が少し変わったかも……。そのぐらいの変化が起これば、大成功です。

STEP5 「7～3バランス」で、対処法を自分で選ぶ

人は、どんな問題に対処するときも「本当はこんなことはしたくなかった。でも、追い込まれた結果、この状況に甘んじている」という「追い詰められ感」を持つと、苦しみがいっそう大きくなります。不当な我慢を強いられている気持ちになり、一段とエネルギーを消耗していくのです。

逆に考えれば、**「自分が選んだのだ」**という感覚を持つことができると、苦しみはグンと減ります。

そこで効果を発揮するのが**「7～3バランス」**です。

たとえば「一見、いい人」でやってみましょう。

苦手なあの人とまったく関係を持たないことを「0」、密に付き合う状態を「10」

とします。

あなたは、その関係を「0」にしたいのに、そうならないことにイライラしているのかもしれません。そこで、その間の「7〜3」あたりを目指してみる、というのが「7〜3バランス」です。

一日のうち一時間だけ自分の時間を作って、相手の存在を心から追い出す。お昼のランチだけはきっぱりと断る。同じ部署だけど、直属の上司を変えてもらう。ちょっとダメ出しされても「いつものことだ」と思うことにする……などなど。

考えつくかぎりのやり方を並べてみて、**互いの距離感が「7から3」の間におさまるよう考えてみる**のです。

どれも、今の苦しみをすぐに完全にゼロにできるものではありませんが、少なくとも、苦しみのレベルはかなり下がります。

極端な選択ではない分、**ハードルが低くて行動にも移しやすい**のが「7〜3バランス」の特徴です。

「7~3バランス」を自分で考えて行動する

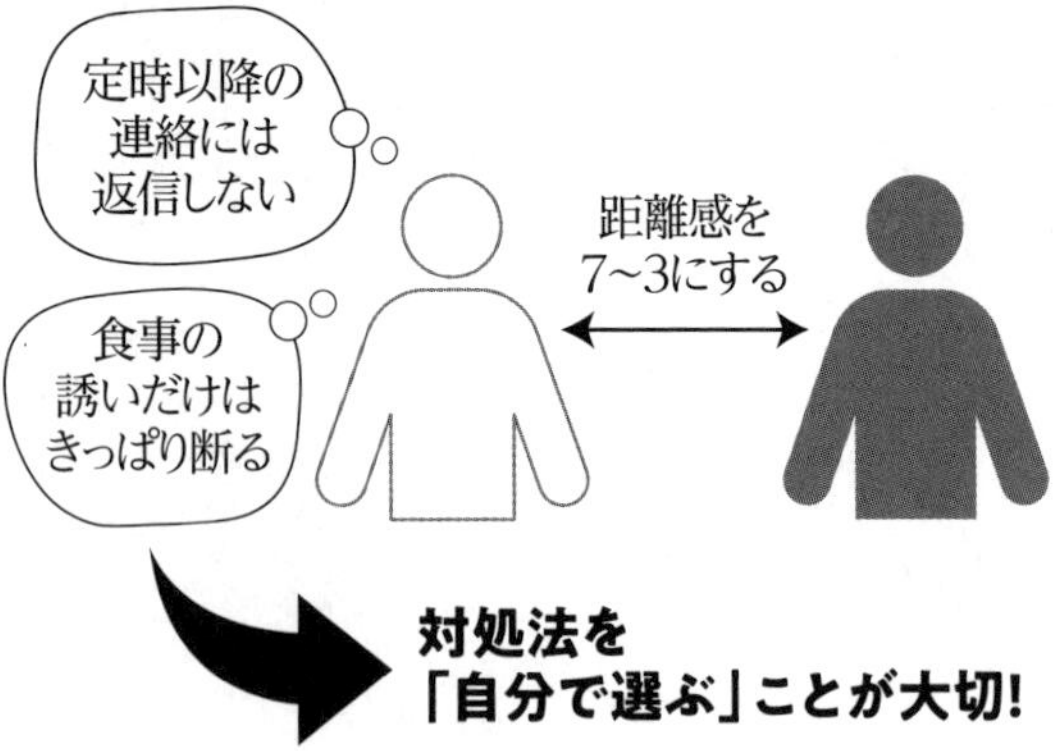

「7~3バランス」とは、つまり**「苦しみの担ぎ方を変える」**ことです。

重たい荷物を持っていて疲れてきたら、その荷物を放り出すか、担ぎつづけるかという選択肢しかないわけではありません。

担ぎ方を変えてみましょう。

右の肩が痛くなったら、左の肩で担ぐ。それでも疲れたら背負ってみる、抱きかかえたり、ちょっと地面に置いてから、また抱えてみたりする。

すると、荷物の重さは変わらなくても、少し軽いと感じたり、歩きやすくなったりします。

これは、問題を一〇〇%解決できるやり方ではありませんが、少なくとも「一見、いい人」に振り回されすぎない人生を目指すうえで、役立つ思考法であることは間違いありません。

苦しいけれど、この苦しみのなかで**「どうやって生きていくかは、自分で選んだのだ」**と認識できていれば、心は確実に軽くなります。

「一見、いい人」の言動には理由がある

私自身、カウンセラーとしてまだ駆け出しのころは、クライアントに振り回され、クライアントのことを嫌いになったり、そんな自分を責めたりしたことも数多くありました。

それでも、今はどんな人のお話であっても、スッと聞くことができるようになりました。そこには、私自身の価値観の修正があったと思います。

私のカウンセリングの価値観を大きく変えたのは、**「人の言動にはそれなりの理由がある」**という気づきでした。

仕事ができない、周囲に悪態をついている、周囲に疎んじられている人が、私たちの周りにはいます。「一見、いい人」だけど、本当は裏の顔を持っている、というような場合も、そういった「嫌だな」という側面がクローズアップされているのかもしれません。

しかし、カウンセラーとして、よくよく本人の話を聞いてみると、そこに至ったそれぞれの経緯や事情が必ずあるのです。

本人すら、自分がなぜそうなってしまったのかわからない、ということも多々あります。疲れ果て、自信をなくしているときには、自分がどうして感情をコントロールできないのかもわからなくなってしまうのが人間です。

エネルギーをなるべく温存したい、という「個の保存」と、仲間を助けたい、迷惑をかけたくない、という「種の保存」の欲求のはざまで、現代人の苦しみは大きくなります。すると、行動がちぐはぐになり、対人トラブルを起こします。

でも、しっかりと話を聞いてみると、それぞれの人が「必死にがんばって生きている」という真実に気づいたのです。

「悩みすぎる体質」は変えられる

幸いにして、私はまだ「一〇〇%悪意で行動している」という人に出会ったことがありません。

もしかしたら、この世のなかにはそういう人も存在するのかもしれませんが、私の感覚としては依然として、人は「愛するべき存在」「憎めない存在」です。

もちろん、問題行動を容認するわけではありません。危害を与える人からは、しっかりと距離を取るべきですが、私は「それなりの理由はある。みんなそれぞれが生きるうえで、必死に今のキャラクターや不器用な生き方を形成してきたのだ」

という目で相手を見るようにしています。


人間にとって一番怖いのは、人間。

だから、人間関係の疲れは、本当にこたえるものです。

残念ながら、「悩まない体質」になることはできません。ただ、やり方次第で、「悩みすぎる体質」からは卒業することができます。

感情と同じように、苦しみにも「命の危機を知らせる」という役割があります。

だから、命あるかぎり、苦しみと決別することはできません。

「苦しみをゼロにすることはできないけれど、悩みすぎない」

これも「7～3バランス」の考えの一つではないでしょうか。


人は一人では生きていくことはできません。

だからこそ、「この人はいい人！」とすぐに飛びつくのではなく、いいときも悪いときもともに過ごすなかで、「悪いところもあるけれど、いいところもあって、どこか憎めないんだよな」と支え合えるような、心のつながりを見つけていきたいものです。

本書を読んできて、そばにいる人の**長所や短所も「味わいの一つだ」**と思えるようになったあなたは、昨日よりももっとたくましく、しぶとく生きていくことができるでしょう。

おわりに

◎「一見、いい人」もあなたも、同じ人間である

「一見、いい人」が一番こわい!

タイトルを聞いて私が最初に思ったのは、「一見、いい人」が一番うつになりやすい、という怖さです。

しかし、出版社の意図は「第一印象はよくても、少し付き合うとなんとなく嫌な面が表れ、なかなかその関係から離れられないうちに泥沼にはまる。そんな『一見、いい人』に困っている人が多いのでは」というものでした。

周囲に聞いてみると、たしかに「いる、いる」というリアクションが多く、同時に「困るよね~」という声も聞かれました。

本書では、どうしてこのような「いい人」が次第に「困った人」に変わっていく

のか、というメカニズムと対処法をお伝えしてきました。

最後に、あらためて二つのことを強調しておきたいと思います。

一つは、**「一見、いい人」は、決して悪い人ではない**ということ。

その人なりに一生懸命生きています。一生懸命生きているうちに「一見、いい人」というスキルを身につけただけ。本質的には、今、この本を読んでいるあなたと同じ〝人間〟です。

もう一つは、**その「一見、いい人」を、あなたは嫌いになってもいい**ということ。

相手への言動は、好きな要素と嫌いな要素の天秤《てんびん》（バランス）によって決まります。好きな要素が大きければ相手に接近する一方、嫌いな要素が大きければ相手から離れるものなのです。

ストレスが大きければ、離れてもいい

「一見、いい人」との人間関係のつらさは、いい人の魅力と、その人から受けるス

トレスがどちらも大きく拮抗しており、天秤自体がきしみはじめていることにあります。つまり、小さな葛藤ではなく、大きな葛藤になりやすいのです。

嫌いになりそうなとき、離れようとするとき、あなたは「でも、本当はいい人。あんなこともしてくれた、こんなこともしてくれた。つらいときは助けてくれた」などと自分を責めます。裏切りのような気持ちや、せっかく一緒にやってきた時間と労力、可能性を捨てなければならない残念さを感じるかもしれません。

でも、こう考えてみてください。

たしかにその人はいい側面もあるし、よくしてくれたときもある。しかし、今は全体的に嫌な面が大きくなってきているのです。

トータルでマイナスが大きいのならば、離れていいのです。

「一貫性がない」と自分を責める必要はありません。

ストレスが大きくなれば、離れる。それが自然な反応だからです。

大好きで結婚しても、嫌いな側面が大きくなればお別れすることもある。一生懸命勉強して入学や就職をしても、とどまる必要を感じなければ退学や退職をする。

それと、まったく同じです。

◎適切な距離は、自分で決めていい

離れるといっても、その距離は自分で決めればいい。

なにも、絶交する必要はありません。

また、もし自分の状態や相手の環境に変化があれば、そのときどきに必要な距離感で付き合えばいい。

ストーブとの距離は、自分で決める。

これが自己責任です。

今まで関係を結んでいた相手と距離を取るときの一歩目は、勇気が必要です。
そんなときは「卒業」というイメージを持つといいと思います。「一見、いい人」

からいろんなことを学んだ。今は違うニーズや可能性が見えてきた。だから、卒業する。**今後の付き合いは、卒業してからまた考えればいい。**

最後になりますが、どうしても私は、頭（理屈）で人間を理解しようとするクセがあります。

たしかに理屈がつくと面白く、納得が進む面があるのですが、それを文章などで表現すると、読者に負担を与えてしまいます。平たく言うと理屈が多く、小難しい内容になりがちです。

そんな私の話、本当に雑多なアイデアの羅列をしっかりコンパクトにまとめ、読者にわかりやすく表現してくれたのが、ライターの柳本操さんです。

文章がとても柔らかく、読みやすい。

本書も、本当に柳本さんに助けられました。彼女とはこれまでも何度も一緒にお仕事をさせていただいているのですが、いつも思うのが「柳本さん、天才！」ということです。

「一見、いい人」が一番こわいって、私たちも怖い存在なのかもしれない……、と笑いながら本書の作成を進められたことに、深く感謝します。

下園壮太

本書は、ＰＨＰ研究所より刊行された『「一見、いい人」が一番ヤバイ』を、文庫収録にあたり改題したものです。

「一見《いっけん》、いい人《ひと》」が一番《いちばん》こわい！

著　者　下園壮太（しもぞの・そうた）
発行者　押鐘太陽
発行所　株式会社三笠書房
〒102-0072　東京都千代田区飯田橋3-3-1
https://www.mikasashobo.co.jp
印　刷　誠宏印刷
製　本　ナショナル製本

ISBN978-4-8379-3112-6　C0130

本書へのご意見やご感想、お問い合わせは、QR コード、
または下記 URL より弊社公式ウェブサイトまでお寄せください。
https://www.mikasashobo.co.jp/c/inquiry/index.html

王様文庫

週末朝活
池田千恵

「なんでもできる朝」って、こんなにおもしろい！　○「朝一番のカフェ」の最高活用法　○今まで感じたことがない「リフレッシュ」　○「できたらいいな」リスト……週末なら、時間も行動も、もっと自由に組み立てられる。心と体に「余白」が生まれる59の提案。

ねじ子の人が病気で死ぬワケを考えてみた
森皆ねじ子

医師で人気漫画家の著者が「人が病気で死ぬワケ」をコミカル&超わかりやすく解説！　◎ウィルスとの戦いは「体力勝負」？　◎がんとは「理にかなった自殺装置」？　◎「血液ドロドロ&血管ボロボロ」の行きつく先は——　体と病気の「?」が「!」に変わる！

いちいち気にしない心が手に入る本
内藤誼人

対人心理学のスペシャリストが教える「何があっても受け流せる」心理学。◎「マイナスの感情」をはびこらせない　◎〝胸を張る〟だけで、こんなに変わる　◎「自分だって捨てたもんじゃない」と思うコツ……etc.「心を変える」方法をマスターできる本！

K30675